豊かな「ことば」を求めて

――学びながら、教えながら――

中谷雅彦

溪水社

はしがき

昭和四十二年四月に高等学校の教員として教員生活をスタートして四十年が経ちました。高等学校の教員として二十八年、大学の教員として十二年目で、その間に教育委員会や、小学校・幼稚園にもかかわってきました。「人生は出会いである」といわれますが、私のばあいも、恩師、先輩・同僚教師や多くの児童・生徒・学生たち、いろいろの教育問題等との出会いによって、私の教育に対する考え方、教師としてのあり方が方向づけられていったように考えます。また、一国語教師として四十年間を振り返ると、私が求めてきたものは、端的にいえば、確かで豊かなことばの世界であったように思います。この度、私にとっての貴重な出会い、経験を、『豊かな「ことば」を求めて――学びながら、教えながら――』として、随想集の形で刊行することにしました。

本書は四つの章から成ります。第Ⅰ章「遠くを見て」の「一　一人一人を大切に」は、平成十七、十八年度の二年間、九州女子大学附属自由ヶ丘幼稚園の園長として、毎月発行の幼稚園通信「いずみ」に記述したものです。「二　『遠くを見る』目を」・「三　豊かな出会い」・「四　『仏様の指』のような技術を」は、平成十三年～十五年度の三年間、福岡教育大学附属福岡小学校校長として、学校通信「あらつ」や父母教師会の「藤だな広報」「ふじだな文集」などに記述したものです。

第Ⅱ章「ふたりの恩師」は、大学時代の指導教官の、故清水文雄先生と、現在もご指導をいただいている野地潤家先生のことについて記述したものです。

第Ⅲ章「国語教育への思い」は、国語の授業づくり、国語教育のあり方について考えてきたことを、求められて教育雑誌等に提案したものです。

第Ⅳ章「中国を訪ねて」の「一　中国四川省を訪ねて」は、平成元年（一九九八年）に広島県・四川省交流事業協議団の一員として九日間中国四川省を訪ねたときの記録であり、「二　中国古典の史跡・詩情を訪ねて」は、平成四年（一九九三年）に研究テーマを持って単独で臨んだ二十日間の研修旅行の記録です。

本書は時系列的な構成にはなっていませんし、内容も一貫性のあるものではありませんので、どこからでも読んでいただけたらと思います。

平成十九年十二月二十七日

中谷雅彦

目次

豊かな「ことば」を求めて

Ⅰ　遠くを見て

一　一人一人を大切に

1　一人一人を大切に

あたたかい日差しのもと桜の花が青空に映えてすばらしい季節となりました。お子様のご入園・進級おめでとうございます。心からお喜び申し上げます。

本園は九州女子大学の附属幼稚園として、大学との連携のもとに、子どもたち一人一人を大切に保育することを基本に、①豊かな人間性の基礎　②望ましい生活習慣の基礎　③よりよい集団生活適応の基礎　を伸び伸びと育てることを教育目標として日々の保育にあたっています。

今年度も、元気一杯の楽しい幼稚園での生活を通して、友だちと仲良くすること、人に優しくすること、いろんなことが一人でもできるようになることなど、豊かでたくましい子どもたちの心身の育成をめざして、教職員一同精一杯努力する所存です。

保護者の皆様の一層のご助言とご支援・ご協力を心からお願い申し上げます。

2　楽しい園生活のスタートを

美しい桜の花びらのもと、喜びあふれる雰囲気の中で行われた入園式・進級式も終わって、はや十日が過ぎようとしています。子どもたちは新しい組での、また、初めての幼稚園生活にも少しずつ慣れて、新しい友だちや先生とも仲良く遊んだりしはじめています。

二十日には年長・年中・年少二百名近い園児たちによる対面式を行いました。他の教室を回り、お互いに大きな声で、あいさつをし、元気いっぱいの園生活のスタートとなりました。日々の園での生活や園内外のいろいろな行事に参加し、みんなで楽しく遊んだりすることなどを通して、子どもたちは望ましい生活習慣や集団生活適応の基礎を身につけていきます。

一人一人の園児を大切にして、園児たちが喜んで来たくなるような楽しい園づくりをめざして私たち教職員も新たな気持ちでスタートしました。今年度もよろしくお願い申し上げます。

3　安全な幼稚園に

やわらかな若葉が青空に映えて緑が目にあざやかな季節となりました。先般の保育参観には多数ご参会いただきありがとうございました。子どもたちの、園での新しいクラスでの姿はどうだったでしょうか。今、子どもたちは新しい環境にもすっかり慣れて、子どもたち同士や先生と元気いっぱいに楽しい幼稚園生活を送っています。五月十八日（木）には、さつま芋の苗植えを楽しく行いました。秋にはどんな大きなおいしい芋ができるか楽しみです。五月二十五日（木）は「親子バス遠足」を実施しました。お子様との絆、保護者同士の交流がさらに深まったことと思います。六月十二日（月）、十三日（火）は、年長組は、北九州市立第二緑地保育センター「もりのいえ」で「お泊り保育」を行います。豊かな自然の中での戸外遊びやウォークラリーなどを通して、豊かな心、望ましい生活習慣、よりよい集団生活への適応の基礎を培いたいと考えています。

子どもたちが元気いっぱいに楽しい幼稚園生活を送るためには、何よりも安全面、危機管理に最大限の配慮をしていかなくてはならないと考えています。不審者対策として、特に「お迎え」の時は必ず、まず事務室にお迎えの旨を告げていただき、用紙に記入し、職員に連絡の上お子様をお連れ下さいますようよろしくお願いします。今後とも保護者の皆様のご助言ご協力をよろしくお願いいたします。

4　豊かな自然体験を

連日の雨模様の中、園内の木々の緑もそのあざやかさを一層ましています。いよいよ梅雨本番です。

さて、七月十二日、十三日、年長組は、緑あふれる長野緑地「もりのいえ」（小倉南区）で恒例の「お泊り保育」を実施しました。大きな布袋を尻に敷き急斜面を滑り下りる「シート滑り」や周辺の自然を探索しながら、グループで力をあわせてロープくぐりやボールけりなどを行ったウォークラリーなど、子どもたちは必死にそして楽しそうに取り組んでいました。そんな中で数人の子どもたちが一匹の小さな蛙をとらえ、手の平に乗せいろいろと語り合ったあとそっと草地の中に逃がしてやる姿にも出会いました。そのような子どもたちの姿を見るにつけ、今の子どもたちにはもっと豊かな自然体験をさせなくてはならないということを思わずにはいられません。自然の中での体験は、新しい知識だけでなく、たくましさや豊かな感性・想像力という「生きる力」の基礎を育てることになります。今の子どもたちは、「昔」の子どもと比べ、日常的に自然にふれる機会は随分少なくなっています。いろいろな園の行事や園外保育などを通して、意図的計画的に自然体験をさせなくてはならないと考えます。

今、園では「夏」を前に園庭のプールやスイミングプールで「水遊び」の体験をさせています。また、七月四、五、六日には、若松の「汐入の里」で海での自然体験をさせる予定です。安全を第一に取り組んで参りますので、保護者の皆様の一層のご支援ご協力をお願いいたします。

また、一学期の子どもたちの園生活の様子や、夏休みの生活の仕方などについて、七月十二、十三、十四日に学級懇談会を実施します。ご質問やご要望など忌憚のないご意見をお聞かせ下さい。よろしくお願いいたします。

5　グーンと成長、二学期へ

記録的な猛暑つづきであった今年の夏休み、お子さんのご家庭での生活はどうだったでしょうか。夏祭り、花火大会などの地域の行事、お盆の墓参り、海水浴や山登り、家族旅行など楽しい夏休みを過ごしたことと思いますが、いろいろな楽しい出会いや体験を通して、子どもたちは一段とたくましくなったことと思います。楽しかった夏休みのお話が子どもたちからいろいろと聞けるのを楽しみにしています。

さて、いよいよ二学期のスタートです。生活のリズムを取り戻し新たな気持ちで二学期をスタートさせたいと思います。二学期は、秋季大運動会、文化祭、生活発表会などの大きな行事が目白押しです。そして二学期は、このような行事を通して園生活になじみ、子どもたちがグーンと成長していく時期です。子どもたちが自分で考え、行動できるよう、子どもたちの行動を注意深く温かい目で見守り、適切な援助・支援をしていく所存です。保護者の皆様も、本園の行事に積極的に参加していただき、ともどもに子どもたちの「生きる力の基礎力」を育てていきたいものと考えています。今学期も、保護者の皆様の一層のご協力、ご支援、ご助言を賜りますようよろしくお願いします。

6　心に残る秋季大運動会に

いわし雲こころの波の末消えて　（水原秋桜子）

澄み切った空の青さや頬を流れる風のさわやかさに、しっかりと「秋」を感じるころとなりました。「スポーツ」「読書」「味覚」の秋の到来です。子どもたちは、十月八日（日）の秋季大運動会をめざして、今、元気よく練習に励んでいます。走ったり踊ったり、旗を振ったり球を投げたりなどいろいろな楽しい活動を通して、体力づくりとともに、規律ある行動、協力することの大切さを学ばせたいと考えています。練習で疲れて帰ることもあろうかと思いますが、ご家庭におかれましてもしっかりと励ましてやっていただきたいと思います。

秋季大運動会は、子どもたちにとって、幼稚園生活の中で最も思い出に残る一大イベントです。保護者の皆様には、準備段階からご協力ご支援をいただいていますが、保護者と教職員がしっかりと連携して、子どもたち一人一人の心に強く残るすばらしい運動会にしたいと考えています。よろしくお願いいたします。

7　遠くを見て今をしっかりと

頬を流れる冷風に、少しずつ色づきはじめた野山の木々に、秋本番を感じるころとなりました。十月八日の秋季大運動会は好天にも恵まれ、保護者の皆さんの絶大な声援の中、子どもたちも精一杯がんばり、すばらしい運動会となりました。保護者の皆さんのご協力ご支援に対し心から感謝申し上げます。

さて、一大イベントの運動会は終わりましたが、その後も子どもたちは、「いのちのたび博物館」を見学したり（ひよこ・年少・年中組）、また、年長組は医生丘小学校を訪問し、お兄さんやお姉さんと食事をしたり歌を聞いたりなどして楽しく交流しました。今は、十一月三日の文化祭に向けて、展示物の作成などの準備に取り組んでいます。なお、十一月三、四、五日には、大学で、「紙芝居」、「絵本の読み聞かせ」、「科学あそび」などの『子どもまつり』が行われます。（具体的なプログラムは後日配布いたします。）お子さんと一緒に是非参加していただきたいと思います。

年長組による医生丘小学校訪問は、幼・小連携の重要性が言われる中での新しい試みです。小学校の授業を参観したり、学習発表会などの行事に参加することで、やがては小学生になるのだという自覚を子どもたち個々がもって、幼稚園生活をしっかりと送るようになることをめざすものです。いわば発達と学びの連続性を見据えた試みです。

二学期はたくさんの大きな行事がありますが、多くの自然体験や社会体験は、これからの時代を背負って立つ子どもたちに、豊かな感性や想像力、協調性や自律性など「生きる力」の基礎を身につけさせることをめざすものです。遠くを見て、今をしっかりと子どもたちにかかわっていかなくてはならないと考えます。今後とも保護者の皆様のご協力ご支援をよろしくお願いします。

8　読み聞かせをしっかりと

澄み切った青空、野山の紅葉、冷気……。遅れた秋もやっと到来し、そして冬の近いことを少しずつ感じるころとなりました。

十一月三日の文化祭は保護者の方々を中心に非常に多くの参加があり、大盛会でした。子どもたちががんばって作った作品を保育室等に展示しましたが、子どもたちが着実に成長している姿をご覧いただけたのではないかと思います。

私は、「三びきのくま」と「ぐるんぱのようちえん」の絵本の読み聞かせをしました。特に「三びきのくま」は、絵がかわいらしく、また、三匹の家族ぐまの心やさしいしぐさもほほえましくて、子どもたちも熱心に聞いてくれて楽しいひとときでした。

すぐれた楽しい絵と選び抜かれたことばとからなる絵本の読み聞かせは、豊かな想像力や表現力、さらには聞く力を育てます。また、小・中・高校生の読書離れが問題となって久しく、学力低下が心配されていますが、総合的な学力を育てる読書の量は幼児期の読み聞かせ体験が大きく関与しているという全国学校図書館協議会の調査データーもあります。

本園でもいろいろな機会をとらえて絵本の読み聞かせを行っていますが、ご家庭におかれましても親子のコミニケーションの場にもなる読み聞かせをしっかりしていただきたいと思います。よろしくお願いします。

十二月十日（日）の「生活発表会」で子どもたちがどんな表現力、成長ぶりを発揮してくれるか、今から楽しみです。

9　楽しい冬休みに

十二月十日の生活発表会には多数ご来園いただきありがとうございました。子どもたちも家族のみなさんの声援や拍手に励まされて、踊り、合奏、劇などに、元気いっぱいの楽しいかわいらしい姿を披露してくれました。子どもたちにとっても心に残るすばらしい発表会になったと思います。

今年も残すところ十日ばかりとなりました。今年一年、いじめによる自殺や飲酒運転による子どもの交通事故死等、つらい出来事があり、暗い気持ちになったことも何度かありました。幸い、本園の園児たちに大きな事故はありませんでしたが、安全に、健やかでたくましく育っていってほしいと強く思ったところです。保護者と教師がさらに連携を密にして子どもたちの育ちにかかわっていかなくてはならないと考えます。

さて、いよいよ冬休みです。クリスマスやお正月など子どもたちにとって楽しみいっぱいですが、年末の大掃除の手伝いや正月のあいさつなどをしっかりとさせてほしいと思います。安全面に十分気を付けて楽しい冬休みとなることを願っています。

今年一年、保護者の皆様には本園に対し、いろいろとご支援ご協力を賜り、心から感謝申し上げます。どうか、よいお年をお迎え下さい。

10　明るく伸びやかな一年に

あけましておめでとうございます。本年もよろしくお願いします。いのしし年の今年、早くも一か月が終わろうとしています。暖冬とはいえ、冴え渡る冷気の中で子どもたちは明るく元気いっぱいです。十七日の「餅つき大会」には、お父さんお母さん方もお手伝いにかけつけていただきまして、ほんとうにありがとうございました。力強く杵を振り上げて餅をつくお父さん、また、餅をみごとに丸くこねるお母さん方の姿を、子どもたちは頼もしく見たことと思います。餅を食べると丈夫になると、日本人は昔からめでたいときなどに餅を食べてきましたが、子どもたちも餅をしっかり食べて明るく伸びやかに育っていってほしいと思います。

昨年は、交通事故、幼児虐待など、子どものことに関して、暗いつらいニュースが続きましたが、子どもたちにとって、今年が平和で明るい年であってほしいと願わずにはいられません。

日々の楽しい保育の中で、子どもたちに、「生きる力」の基礎をしっかりとつけていきたいと考えていますので、この一年も保護者の皆様のご支援ご協力をよろしくお願いいたします。

11　冬から春へ

先日（二月十二日）、延々と続く白いビニールハウスのかなたに有明海が見渡せる熊本県の山（二ノ岳、三ノ岳）に登りました。冴え渡る冷気のかなたに白くキラキラと輝いて広がる有明の海を目にしたとき、まさに「豊かなる海よ大地よ春立ちぬ」（朝日歌壇）を実感しました。

さて、暖冬の今冬とはいえ、あたたかいさわやかな陽光が待たれるこのごろですが、今年度もあと一か月（年長さんは卒園まで半月）となりましたが、お子さんのこの一年間の成長ぶりはどうでしょうか。楽しい園生活の中で、いろいろな行事に参加し取り組むことを通して、少しずつ豊かさとたくましさを身につけてきているように思います。寒さに負けず運動場を走り回っている子どもたちの姿を目にすると、このまま健やかに真っ直ぐ育っていってほしいと願わずにはおれません。

年度末は園の運営に関して課題を明らかにして来年度に備えなくてはならない時期であり、園バスの行程や園の行事の見直し、保育内容の充実などに関して検討を始めているところです。

冬から春へ。自然界はひそかに、しかし着々と春への準備をしています。本園もしっかり準備をして春へ備えたいと考えています。よろしくお願い申し上げます。

二　「遠くを見る」目を

1　「遠くを見る」目を

先日、浜本純逸氏（昭和四十四年〜昭和五十四年福岡教育大学勤務、本年三月神戸大学退官）から、『遠くを見る――ことばと学び・四十年――』という退官記念の著書がおくられてきました。その本を手にし、題名「遠くを見る」を目にしたとき、私は心躍るものを覚えました。それは、私の教師生活の中でいつのころからか一つの信念のようになっていた「遠くを見よう」ということばを尊敬する先輩が自著の題名にされていたからです。

「遠くを見る」――実際、私は遠くを見るのが好きです。電車の窓から遠くの山や川を眺めていると心がゆったり落ち着いてきますし、山に登って遠山脈やはるか眼下に広がる町並みを俯瞰すると、自然に心が和み、日々あくせくと思い煩っていることがあまりにちっぽけなものに思え、明日へのエネルギーのようなものが静かに沸き立ってくるのを覚えます。

本校へ校長として着任してから一ヶ月。始業式、入学式、歓迎遠足など年度初めの諸行事や会議等で緊張の日々でしたが、子どもたちの元気なあいさつや明るい笑顔が私の緊張をずいぶん和らげてくれました。さくら、ふじ、つつじなどの美しい花々や熱心な先生方の愛情に包まれて、子どもたちは本当に幸せだと思いますが、一

歩外の世界に目を移すと暗い気持ちになります。子どもたちが巣立っていく社会は、残念ながら、展望の開けた明るいところとはなっていません。激しく変化し、不透明感が増すであろうこれからの社会で、よりよく生きていくためには、子どもたちにどのような力をつけなくてはならないのか。このことが今日の学校教育に求められている最も重要にして根本的な課題でもあると考えます。

そして、この課題に立ち向かうときの大切な視点が、「遠くを見る」目だと考えます。なぜなら、「遠くを見る」目は、現実の中にある課題やその本質を見抜く考えや行為につながる目であると考えるからです。「二十一世紀の社会をよりよく生きる自立した子ども」が本校のめざす子ども像ですが、そのような力を育てるために、子どもの遠くを、「未来」を見やって、子どもたちの「今」をしっかりと時に厳しく指導していかなくてはならないと考えます。

校長として、本校教育のため、常に遠くを見て今を切に生きていきたいと念じています。抽象的な話になりましたが、着任にあたり、自己紹介も兼ねて私の教育に対する考え方の一端を述べさせていただきました。

（学校通信「あらつ」平成十三年五月号）

2　教育とは夢を語り夢を育てること

「わたしは、いろんなくにのことばを、おぼえて、せかいをまわって、いろんなひととおはなししてみたいな。」

「スペースシャトルをつくって、そのなかのやくだつロボットをつくって、みんなをのせてみたいです。それで、せかいいっしゅうを、したいです。」

「二十一せいきになったら、いままでにないおいしいクッキーやケーキをつくれるようになりたいです。」

これは、六月八日に無惨にも命を断たれた大阪教育大学附属池田小学校の子どもたちが、昨年（一年生の時）文集に似顔絵といっしょに書き綴った「将来の夢」です。明日を信じて、子どもらしいかわいい夢が語られています。これらを読むと、このような夢を断ったものに対し、改めて強い憤りを覚え、悲痛な気持ちになります。そして、なんとしても、附属池田小学校の子どもたちが、理不尽に命を断たれた児童の分もしっかりと生きていってほしいと願わずにはいられません。そして、わが附属福岡小学校の児童も、夢をもって健やかに育ってほしいと強く思う次第です。

子育てとは、教育とは、子どもたちの自立を支援し自立を促していく営みだと考えますが、また、それは夢を語り育てることなのだということを、このたびの事件で、痛切に思い知らされました。

家庭と学校と地域とがこれまで以上に連携を密にして、子どもの教育に、子どもを守ることにあたっていかなくてはならないと強く思います。どうかよろしくお願いいたします。

（学校通信「あらつ」平成十三年七月号）

3　豊かな表現力の育成をめざして

九月二十一日の恒例の月見学芸会では、子どもたちの素直な堂々とした演技や心と音を一つにした演奏に、驚き感動するとともに、教育についていろいろなことを考えさせられました。

1　子どもは豊かな可能性をもった存在であること

例えば、一年生の劇「むかしばなし・さるかに」で、子どもたち一人一人が長い台詞や歌を覚え、それぞれの役になりきって演じていましたが、短期間の練習でここまで表現できるのは素晴らしい力量であり、そこに、はかりしれない可能性をみてとることができます。教育とは、子ども一人一人のもっているよさ（可能性）を引き出して育てることなのだと改めて思い知らされました。

2　表現の場を設定することの重要性

子どもの豊かな可能性もそれを表現できる場がないと育っていきません。本校の子どもたちは、日々の授業の表現の場で、そしてその集大成ともいえる学芸会という表現の場で表現力は鍛えられるのだと思います。教師の支援、指導のもとに、できるだけ多くの表現の場を設定しなくてはなりません。

3　協力、強調の大切さ

子どもたちの心を一つにした劇や演奏に接すると、学芸会の意義・よさは、学級のみんなが協力し合って一つのものを作り上げていくことにあるのだということが分かります。子どもたちは、知らず知らずのうちに協力すること、協調することの大切さを身につけていくのです。

4　伝統を大切に

子どもたちの見事な演技を目の当たりにしますと、百年近く、脈々と受け継がれてきた月見学芸会の伝統の力が感得されます。「生きる力」「豊かな表現力」を育てるという今日の重要な教育課題の点からも、この伝統は大切にしていかなくてはなりません。日本人は特に対人関係において表現力が乏しいといわれます。しかし、国際化・情報化の社会にあっては通用しません。二十一世紀を生きる子どもたちには、多くの人に対して自分の考えを的確に表現できる力を育てなくてはなりません。小学校教育はそのような力の基礎を育てていくところです。ご家庭におかれましてもこのような観点でお子様を温かく見守って頂きたいと思います。

（学校通信「あらつ」平成十三年十月号）

4 「生きる力」の育成をめざして

今年もあと一ヶ月を残すのみとなりました。二十一世紀最初の年、平和な世紀への幕開けであってほしいとの願いも空しく、九月のニューヨークでの同時多発テロから世界中がテロの脅威にさらされ、テロの根絶をめぐってアフガニスタンでは、戦争が続いています。二十世紀を戦争の世紀と定義した学者もいますが、残念ながら現時点では、二十一世紀も不穏で不安な幕開けといえそうです。

ご承知のように、来年度から全面本格実施となる新しい学習指導要領に示されている学校教育の基本的な方向・理念は、「生きる力」の育成ということです。「生きる力」という言葉は漠然としていますが、新学習指導要領のもとになった中央教育審議会答申では「生きる力」について、「変化の激しいこれからの社会の中で、自分で課題を見つけ、自ら学び、自ら考え、主体的に判断し、行動し、よりよく問題を解決する資質や能力を指す」と定義しています。確かに二十一世紀のこれからの社会は、国際化、情報化、科学技術の高度化が、益々スピードアップして進展していくと考えられ、このような社会を生きるための資質や能力として、主体的な問題解決能力や豊かな人間性、健康や体力があげられているのは、的確な指摘といえるでありましょう。

本校では、「生きる力」の育成をめざして、すでに各教科等の授業や「総合的な学習の時間」(あらつ学習)などにおいて、子どもを中心にすえた問題解決的で体験的な学習指導を試みています。また、本校の伝統的な諸々の学校行事も「生きる力」の育成のための重要なものとして位置づけていかなくてはならないと考えます。

いつも明るく大きな声であいさつする子どもたちや、昼休みに運動場で元気に楽しそうにドッジボールをしたり、走り回ったりしている子どもたちの姿を目にすると、このまま健やかに成長していってほしいと願わずにはいられません。家庭と学校が、これまで以上に緊密に連携して、子どもたちの教育に当たらなくてはならないと考えます。今後ともご協力、ご支援方、何卒よろしくお願いいたします。

（学校通信「あらつ」平成十三年十二月号）

5　夢を、学ぶ喜びを　——教育の新世紀に向かって——

かくて明けゆく空のけしき、昨日に変はりたりとは見えねど、ひきかへめづらしき心地ぞする。大路のさま、松立てわたして、はなやかにうれしげなるこそ、またあはれなれ。

これは今から約七百年前（室町時代初期）に書かれた「徒然草」の中の「折節の移り変わるこそ」の一節です。元旦の風景や、その時に抱く清新な気持ちは、今も昔も変わらないのだということが分かります。しかし、考えてみれば不思議なことで、昨日（十二月三十一日）と変わりはしないのに、元旦になると、昨日のことは遠い過去のこととして、清々しい気持ちで「今年こそは……したい。」「今年は……であってほしい。」などと、自分自身のことから天下国家のことまで思いを馳せ、清新な気持ちで希望を胸にがんばっていくことを誓います。これは、人間の長い苦悩の歴史の中で生み出されてきた素晴らしい知恵だと思います。私も、新しい日記帳の一ページ目に今年の希望と決意を記すことにしていますが、皆さんのご家庭では、子どもたちはどのような希望や決意を抱いたのでしょうか。

さて、ご承知のように、今年四月（平成十四年度）から新しい学習指導要領が全面実施となります。「生きる力」の育成を基本方針として、「学校週五日制」や「総合的な学習の時間」の導入など、教育の枠組みや内容において、これまでと違った大きな改訂であると考えます。ただ、子ども主体の問題解決学習や開かれた学校づくりなど、現行の学校指導要領と関連も強く、また、総合的な学習もここ二、三年の移行期間中にいろいろと試行されており、四月になって急激に学校教育が変容することはないと思います。しかし、情報化、国際化、科学技術の高度化、価値観の多様化などが益々進展し拡大していくであろう二十一世紀を視野に入れて作成された新学習指導要領は、教育の長い歴史からみると大きな変革であり、今年は、教育の新世紀の幕開けの年と位置づけることができるのではないかと考えます。

二十一世紀（新世紀）に求められる学力は、創造的思考力、自己表現力だと言われています。そのような学力を育成するために、その前提として小学校の子どもたちには、夢をもち、学ぶ喜びを体得させることが大事であると考えます。

「明けゆく空のけしき、昨日に変はりたりとは見えねど」も、今年一年が平和であり、子どもたちが夢をもち、学ぶ喜び・楽しさを体得できるような教育を、教育環境をつくっていかなくてはならないと強く思う次第です。

（学校通信「あらつ」平成十四年一月号）

6 「ふじ」芽吹く三月に

樹齢百十年を越す我が校のシンボル「ふじ」が、枯木のような無残な姿で寒風にさらされています。馥郁とした香りを漂わせている校庭奥の築山の紅梅とのあまりの対照に、「もしや……」と気になって目を近づけてみますと、灰褐色の小さなつぼみが枝にへばりつくようにして、ほんの少しふくらみかけています。「あー、よかった。」と、ほっといたしました。

それにしても、自然界の細やかな厳しい演出ぶりには、ただただ感服するばかりです。寒い冬を乗り切って、新しい命を育むために、最小限の養分を温存し、他のものは全て削り取って、枯れ木のようになるまでじっと休んで（耐えて）、四月の一気の開花に備えるのです。二月末から三月初旬にかけての今の時期は、春がほのかに見てとれる微妙な季節であると言えましょう。

ところで、人間界の場合、三月はいわゆる年度末で、一年間の総決算の月です。一年をふり返って、成果（業績）と課題（問題点）を明らかにする月です。この一年、教育界にもいろいろなことがありましたが、とりわけ六月に起こった大阪教育大学附属池田小学校のいたましい殺傷事件は忘れることができません。本校もこのような事件を未然に防ぐために、これまでの安全管理体制を見直し、また、警察署の方に直接子どもの指導にあたって頂いたり、警備員の常置を行ったりなどしました。子どもたちの安全管理に関しては、今後とも家庭と学校、地域とが十分に連携をとって進めなくてはならないと考えます。また、学習指導に関しては、新学習指導要領の全面実施を前に、「総合的な学習の時間」の進め方や、基礎基本の定着、学習意欲、学力低下などが特に問題になりましたが、今後とも重要な課題になろうと考えます。また、三月は卒業式や人事異動があり、別れの月でもあります。六年生にとっては小学校生活もあとわずか、一日一日を大切に過ごし、希望の四月に向かって大きく羽ばたいてほしいと思います。

冬から春へ。三月を年度末とした先人の知恵の深さを思います。子どもたち一人一人がそれぞれ一つ上の学年に進級しようとする季節。家庭、学校ともどもに、子どもたちの成長ぶりをしっかり見守り、励ましていきましょう。

（学校通信「あらつ」平成十四年三月号）

7　さわやかなあいさつを

「目には青葉山ほととぎす初鰹　　素堂」

五月も末になってやっと新緑の目にまぶしい初夏の青空が巡ってきました。この時期は本校にとっては、研究発表会を目前にひかえ、また、昨年度から教育実習が六月にも実施されることになり、研究授業の準備や環境整備、さらには子どもたちの学習への構えを確立させる指導などで、教官はいつも以上にあわただしさと緊張の日々です。

さて、先日（五月二十四日）今年度第一回目の学校評議員連絡会を実施しました。学校評議員制度は、子どもたちの「生きる力」を育むために、学校と家庭・地域社会とが連携を密にし、地域にひらかれた新しい学校づくりをめざして、学外の有識者（学校評議員）から本校教育のあり方についていろいろの提言をいただくもので、平成十二年度から始まりました。今年度も八名の評議員から、小・中学校連携の推進や学校週五日制における子どもの土・日の過ごし方についての実態調査の必要性などについての貴重な提言をいただきましたが、また、評議員さんの多くが感動的に述べられたことは、「大きな声で『こんにちは』とあいさつされて、うれしくなりました」「きちんとした姿勢であいさつする子どもの姿にびっくりしました」など本校の子どもたちのあいさつのことでした。あいさつ――私たちは単なる習慣のようにあいさつを交わしますが、考えてみれば、あいさつは人の心と心をつなぐ最初の一歩であり、あいさつによってお互い親しみを感じ、あいさつをする方もされる方も気分がさわやかになります。朝、大きな声で元気よく「おはようございます」と言われると、心がパッと明るくなり、今日も一日がんばろうという気持ちにもなります。国際化、情報化が進展する今日、また、人間関係の希薄さが危惧されている今日、学校教育においてもコミュニケーション能力を育成することの重要さが求められていますが、コミュニケーションの第一歩はあいさつです。学校でもさらにしっかりと指導いたしますが、ご家庭におかれましてもあいさつの大切さについて話していただきたいと思います。いよいよ六月六、七日の研究発表会も間近となりました。当日は県内外からたくさんの先生方が来校されますが、子どもたちは元気よく発表し、さわやかなあいさつをしてくれるものと思います。保護者の皆様にはご面倒をおかけしますが、どうかご支援ご協力のほどよろしくお願いします。

（学校通信「あらつ」平成十四年六月号）

8　二十一世紀が求める学力を見すえて　――伝統的な学校行事を大切に――

暑かった八月も終わり、二学期スタートです。四十日間、子どもたちの夏休みの生活はどうだったでしょうか。海や山へ、旅行、自由研究、地域の行事への参加など、学校での生活では得られない多くの体験を通して一段と大きくたくましくなったのではないかと思います。そして、そのような子どもたちに会えるのを楽しみにしていました。

さて、新学習指導要領のもと、学校五日制がはじまって五ヶ月がたちました。授業時数や授業内容の削減の観点から、学力低下論がマスコミでもしばしば取り上げられ、ご心配をされている保護者の方もおありでないかと思いますが、本校では、新学習指導要領の基本理念である「生きる力（主体的な問題解決能力、豊かな人間性、健康や体力）の育成」をめざして、平成十年度から「総合的な学習の時間」の実践や新しいカリキュラムづくりに取り組み、子どもたちの学びや育ちの手応えを得ています。特に「総合的な学習の時間」の実践は、この四年間で百の単元を越え、その成果を『あらつ学習実践事例集』として近日中に刊行することになっています。

国際化、情報化、科学技術の高度化などがますます進展していくであろう二十一世紀に求められる学力は「創造的思考力」「自己表現力」だと考えます。そして、学力は、意欲をもって主体的に取り組んだとき、最も効果的に身につくものです。本校では、各教科や「総合的な学習の時間」の実践において、基礎基本の内容・位置づけを明確にして学ぶ楽しさ、学び方を身につけていく、より質の高い学習指導をめざして実践を積み重ねています。

二学期は、月見学芸会、運動会、相撲大会、修学旅行、あらつフェスタ、遠行会など、伝統的な学校行事がたくさんあります。これらの学校行事は、「生きる力の育成」という言葉はかかげていませんが、体験的活動を通して主体的問題解決力や豊かな人間性、健康や体力、さらには創造的思考力や自己表現力を培うのに大きな力となっており、これらの伝統的な行事は大切にしていかねばならないと強く思う次第です。

二学期は、一学期以上に保護者の皆様のご協力ご支援をお願いすることが多くなろうかと思います。どうかよろしくお願いします。

（学校通信「あらつ」平成十四年九月号）

9　灯火親しむべし ——豊かな読書生活をめざして——

「ひとりともしびのもとに文を広げて、見ぬ世の人を友とするぞ、こよなう慰むわざなる。」これは今から約七百年前に書かれた「徒然草」の中の一節ですが、ここには本が読む人に与えてくれる楽しみの極致がはっきりと述べられています。今日においても読書の楽しみは、「見ぬ世の人を友と」したり、体験できない世界を体験したり、そしてたくさんの情報を得たりできるところにあります。また、読書はいろいろな世界を文字をたどりながら感じ、思考し、想像する行為であり、したがって、読書は豊かにことばを獲得していく行為でもあると言えます。私たちは日々、感じ、思考し、想像するのは、ことばで行っているわけですが、そのことを考えると、これからの時代を生きる子どもたちにとって大切な力とされる創造的思考力、想像力、豊かな感性を育てるために、読書は重要な役割を担っているといえます。学校においても家庭においても読書の重要性をしっかりと考えていかなくてはならないと思います。

ところで、お子さんの家庭での読書生活はどうでしょうか。本校の子どもたちはよく本を読む方だと思いますが、さらに充実した読書生活の基礎を培うために本校では国語科部が中心になって、新しい単行本の購入、書架の増設、回転式書架の購入、日本十進分類法による蔵書の配架の見直しなど、読書センター・情報センターとしての図書室の整備充実、さらに、『私がすすめるこの一冊』集の作成による読書活動などを計画し、子どもたちの読書を推進していくことにしています。なお、ご承知のように、「読書ボランティア」として保護者の方にほぼ毎月一回図書室で「読み聞かせ」をしていただき、子どもたちに本のおもしろさを示していただいています。この場を借りて心からお礼申し上げます。

「読書の秋」「灯火親しむべし」などのことばもあるように、秋は読書に最もふさわしい季節とされています。ご家庭におかれましても本のことを話題にしたり読み聞かせをされたりなどして、読書への意欲を喚起していただきたいと思います。

「ひとりともしびのもとに……」という冒頭のことばがいずれは実感できるような読書人として育っていってほしいと心から願っています。

（学校通信「あらつ」平成十四年十一月号）

10　夢を語り夢を育もう　――二〇〇二年　年末所感――

「夢を持つことが大切で、その夢をていねいに育てれば必ずかなうものです。」

このことばは、ノーベル物理学賞を受賞した小柴昌俊さんが受賞後のインタビューで応えたものです。小柴さんのノーベル賞受賞の理由は、太陽系の外から飛んでくる素粒子ニュートリノで宇宙の姿を探る新たな天文学への道を開いたということですが、おそらく若いときに抱いたであろう宇宙への壮大な夢を、小柴さんは長い時間をかけて育み、そしてその夢を達成したのです。「教育とは夢を語り夢を育てること」と言われますが、親も教師もこの視点、視線をもって子どもの教育にあたらなくてはならないということを、小柴さんのことばからあらためて強く思いました。

さて、今年もあとわずかとなりましたが、今年は、「生きる力」の育成を基本とした学習指導要領の本格実施、完全学校週五日制のスタートと、学校教育改革節目の年――教育新世紀一年目――と位置づけられます。本校の場合、移行期に新学習指導要領の内容を踏まえて総合的な学習などの実践を重ね、課題を明らかにしてきていることもあり、混乱はありませんが、さらに「学ぶことの意義」や「学ぶことの楽しさ」を自覚させ確かな学力を身につけるために、一層の工夫をしていかなくてはならないと考えています。

完全学校週五日制については、父母教師会広報委員会のアンケート調査によると、――「藤だな広報」一二五号にすでに報告されているように――「家族との団らん」「地域活動」に課題があるようです。土・日の過ごし方については、お子さんとよく相談されて、学校週五日制の意義を踏まえた計画的なものになるようにご家庭におかれましてもご指導のほどよろしくお願いします。

いよいよ子どもたちが楽しみにしている冬休みです。子どもたちはクリスマスやお正月で多くの人に出会い楽しい時間を過ごすことと思いますが、おうちの手伝いもしっかりさせて（貢献感を育み）、また、将来の夢を語り合うなどされて、充実した冬休みを過ごさせてほしいと思います。

来年も、子どもたちが確かで豊かな力を身につけ、健やかに育ってほしいと心から願っています。そのためには家庭と学校が連携を一層密にしていかなくてはならないと考えます。よろしくお願いします。最後になりましたが、保護者の皆様、どうぞよいお年をお迎えください。

（学校通信「あらつ」平成十四年十二月号）

11　防災意識を育てよう

はやいもので、六千五百余人もの死者を出した阪神大震災から今年は八年目になります。一月一七日はテレビでも八年前の大惨事の映像が繰り返し放映されましたので、ご家庭でも話題にされたことと思います。本校も一月二十日に、「防災・安全について関心をもち、自分の身体・安全を守るために、安全な場所に避難する能力を身につけさせる」「災害が起こったときは教師の指示にしたがって、静かに敏速に行動する習慣を養わせる」「防災・安全についての理解を深め、静かに敏速に行動する能力を身につけさせる」という三点を目標に、給食室を火元と想定して避難訓練を実施しました。子どもたちは「おさない」「はしらない」「しゃべらない」の三つの注意を守って、口にハンカチをあてるなどして小走りに運動場の南側にきちんと避難し、消防署の方からおほめのことばをいただきました。「訓練」とは「習熟させるために教えて練習させること」で、実際に事が起こったときに、きちんと行動できてはじめて訓練の意味があるのであり、学校での訓練が学校ではもちろんのこと、家庭においても社会に出てからも役に立つものではなくてはならないと考えています。「天災は忘れたころにやってくる」ということばもあります。たとえ、いつどんな災害に遭遇したとしても、落ち着いて敏速に安全に行動できる力、習慣を身につけさせなくてはなりません。ご家庭におかれましても、安全・防災について日常的に話題にしていただきたいと思います。

二月。厳寒の候ですが、どこかに春の息吹が予感されるときでもあります。校庭の築山の小さな紅梅の木もかわいらしい紅い花をつけ、見るものの心を明るくしてくれます。最も寒い時期に自然は春への準備をひそかに着実に行っています。六年生は卒業へ向かって、一～五年生は進級へ向かって、一日一日を大切に過ごして春を迎えることを心から願っています。

（学校通信「あらつ」平成十五年二月号）

12　藤のつぼみもふくらんで

三月五日の持久走大会・記録会は、真冬を思わせるような寒気の中での実施となりましたが、子どもたちは寒さに負けないで、頬を紅潮させ歯を食いしばって最後までがんばって走りきりました。そのような子どもたちの姿に心打たれるとともに、「やればできるのだ。」「きちんと指導すればできるようになるのだ。」という子どもの限りない可能性と、指導の大切さについて改めて考えさせられました。今の子どもは心身ともにひ弱だとよく言われますが、変化の激しいこれからの時代を生きていく子どもたちに、粘り強くがんばることができる体力、精神力、思考力をしっかりと育てていかなくてはならないと考えます。授業も学校行事もこの観点から見直していかなくてはならないということにも思い至りました。保護者の方も応援にたくさん来ていただきましたが、子どもたちのがんばって走りきる姿をご覧になってどんなことをお考えになったでしょうか。

持久走大会も終わり、いよいよ卒業式が迫ってきました。六年生は、この一年の行事を振り返ってみても、学芸会での息のあった演技や合奏、あらつ大運動会での規律ある行動、あらつフェスタの「ヘルシーランド」でのお客さんへの見事な対応ぶり、持久走大会でのたくましい走りなどに「さすが六年生だなあ」と六年間の成長ぶりをしっかりとうかがうことができました。また、「ふじだな文集」（五三号）では、六年間の学校生活の思い出や学んだこと、将来の夢などとともに、ほとんどの子どもたちが、おうちの人や先生、友だちへの感謝の気持ちを表現していて、これらの文章の端々に六年間の成長と豊かであった小学校生活とをみてとることができました。

この六年間で身につけたものを大切にして中学校生活に向かって大きく羽ばたいていってほしいと思います。一年生から五年生の児童も、四月からそれぞれ一つ上の学年に進級します。ご家庭におかれましてもお子さんとこの一年間を振り返り、いろいろと話をされて、四月からの新しい生活への「かまえ」をつくっていただきたいと思います。今年度は、完全学校週五日制と、「生きる力の育成」を基本的な方向とした新学習指導要領の全面実施のスタートの年で、教育改革の大きな節目の年でしたが、本校ではそれに伴う混乱もなく一年が終わろうとしています。これは保護者の皆様の本校教育へのご理解とご協力・ご支援があったからであり、教職員一同心から感謝申し上げます。

本校のシンボル藤棚のふじも小さなつぼみをふくらませつつあります。四月にはやわらかな若葉を暖かい風になびかせて子どもたちを迎えてくれることと思います。子どもたちの豊かでたくましい成長をめざして、家庭と学校とがさらに連携を密にしていかねばならないと強く考える次第です。来年度もどうかよろしくお願いします。

（学校通信「あらつ」平成十五年三月号）

13　若竹の伸びゆくごとく……

新年度、新学年のスタートです。菜の花、桜、やわらかな若葉、そして藤の花……。自然界の、校庭の木や草花が輝きを増し始めるこの時期に新学年がスタートを切ることになっているのは、先人が残してくれたすばらしい知恵だと思います。その始業式で子どもたちに二つのことを話しました。

一つは、「新学年での自分の目標（めあて）をしっかり決めよう。」ということです。「今年は算数をがんばろう」、「運動をしっかりして体を鍛えよう」、「友だちをたくさんつくろう」など、子どもたちにとって一番切実なこと、大切に思っていることなどについて、ご家庭でも話し合いをされて、いっしょになってこの一年間の目標を決め、そして励ましていただきたいと思います。

二つ目は、「本をしっかり読もう」ということです。この三月に、子どもたちの読書を推進させるために、五一五人の子ども全員と教師による全校読書紹介文集『私がすすめるこの一冊』を刊行しました。本校の子どもたちはいろいろな本をよく読んでいることがうかがえますが、ご家庭におかれましてもこの貴重な冊子をもとに、読書について話し合っていただけたらと思います。読書は、ものの見方・考え方を広く深くし、また、豊かに感じ取る心を育てます。本校では、今後とも子どもたちの「読書」を大切にしていきたいと考えています。

「若竹の　伸びゆくごとく　子どもらよ　真すぐに伸ばせ　身をたましいを」（若山牧水）という歌がありますが、この一年、子どもたちが若竹のように真っ直ぐに健やかに成長していってほしいと思います。そのために、

家庭と学校がさらに連携を密にしていかなくてはならないと考えます。今年度もよろしくお願いします。

（学校通信「あらつ」平成十五年四月号）

14　豊かでたくましい心身の育成を　――学校行事での活動を通して――

カッと照りつける太陽、モクモクと湧き立つ入道雲……。今夏は、夏らしい夏に出合うことはあまりありませんでしたが、ご家庭での子どもさんたちの生活はどうでしたでしょうか。規則正しい、計画通りの楽しい夏休みだったでしょうか。九月九日には自由研究発表会がありますが、大いに期待しているところです。今夏は、社会的には、大水害、大地震、少年犯罪など暗いニュースもありましたが、本校の子どもたちが元気に二学期を迎えることができたことを何よりもうれしく思います。

さて、二学期は大きな行事がたくさんあります。九月の月見学芸会、十月のあらつ大運動会、教育実習、相撲大会、十一月の修学旅行（六年生）、あらつフェスタ、十二月の遠行会などです。これらの行事を通して、子どもたちに、自ら学び、自ら考え進んで行動する力、最後まで粘り強くがんばる力などを育んでいきたいと考えています。本校は、今年度の研究主題を「二十一世紀を豊かに生きる子どもをはぐくむ教育の創造――個の学びを拓く学習の展開――」として、この夏休み中、この研究主題をもとに、一人一人の教官の授業構想を全教官で審議しましたが、授業を通してはもちろんのこと、学校行事を通しても、二十一世紀を生きる子どもたちに豊かでたくましい力の基礎を培っていきたいと考えています。これまで同様、保護者の皆様のご協力・ご支援をよろしくお願いいたします。

いよいよ二学期のスタートですが、お子さんにとって今学期も楽しい学校生活となるよう、ご家庭におかれましても励ましていただきたいと思います。今学期もよろしくお願いします。

（学校通信「あらつ」平成十五年九月号）

15 「ことば」を大切に ──「読書の秋」によせて──

「おはようございます」と子どもたちに元気な声であいさつされると、こちらも自然に頬がゆるみ、「おはよう。今日も元気だね。」と大きな声で返し、今日が明るい一日となりそうな気持ちがします。あいさつことばは、人と人、心と心を結ぶ最も端的なことばであり、あいさつことばに代表されるように、ことばは自分の気持ちや考えや感想などを相手に伝えるという大切な伝達機能があります。日常生活において相手に、より正確に、わかりやすく、感じよく伝えることのできることばや話し方を身につけることが大切であり、学校では主として国語科教育でこれらのことを指導しています。

ところで、ことばには他にも大切なもっと本質的な機能──思考・認識機能というものがあります。もう二十年くらい前の高校教師時代のことですが、記憶に残る生徒たちの中の一人に、特に成績がよいというわけではありませんでしたが、明るく素直で行動もきちんとしていて、その子がいるとグループがクラスがいい方向にまとまっていくという存在感のある女生徒がいました。同じ年頃の子どもを持つ親としてもその子の家庭教育のことが知りたくて、保護者懇談会で「いつもきちんとしていて、お宅では注意なさることはないでしょう。」と質問したところ、お母さんは「私も勤めを持っているので、小さい時から面倒はよくみてはいないんです。ただ、『どうせ』ということばは使ってはいけないということを強く言い続けてきました。」というようなことを応えられました。私は感動しました。この女生徒は、母親のことばを守って「どうせ」という言葉を使わないようにし、そのことが常に前向きに物事を考え行動する人間をつくり上げたと考えられます。

ことばは意識であり、ことばがその人の行動や生き方を決めるとも言えます。多くのすばらしいことばを知っていれば、いろいろなことやすばらしいことを考えたり感じたりできるのです。

では、そのような大切な「ことば」を子どもたちに獲得させるにはどうしたらよいのか。そのためには、できるだけたくさんの豊かなことばに出合わせなくてはならないと考えます。時は「読書の秋」、「灯火親しむ候」です。すばらしい本と出合い、静かに本の世界、ことばの世界を旅する――そのような豊かな読書生活を子どもたちに送らせたいものです。

（学校通信「あらつ」平成十五年十一月号）

16　行く年を振り返って

「極月の人々人々道にあり」　山口　青邨

今年もあとわずかとなり、道行く人々の姿にあわただしさを感じるころとなりました。今年は保護者のみなさんには、どんな一年だったでしょうか。子どもたちの成長ぶりはどうでしょうか。厳しい寒さの中で、元気いっぱい歩き通した遠行会に見られるように、この一年、そして今学期も子どもたちは本当によくがんばったと思います。九月の月見学芸会での合奏、合唱や劇などでの豊かな表現力、短時間のうちにみんなで協力し工夫して一つのものをつくり上げる創造力・協働力、あらつ大運動会や相撲大会、遠行会で見せた最後までがんばり抜く粘り強さとたくましさ、修学旅行での規律ある行動……。国際化・情報化・科学技術の高度化が益々進展し、価値観も多様化していく二十一世紀を生きぬくために必要とされる自己表現力、創造的思考、共生力、粘り強くたくましい体力などの基礎が着実に身についていると考えます。

また、今年は学校教育の課題として、その原因が新学習指導要領、学校完全週五日制にあるとする学力低下の問題が取り上げられ、学力向上対策がいろいろと検討されていますが、これは新学習指導要領や学校完全週五日制を廃止すれば学力は向上するというような単純な問題ではなく、授業の質を変えていくことこそが課題となるべきであると考えます。基礎基本の内容を明確にし、日常の学習においてその徹底をはかることは当然ですが、

さらに、学び方を身につけ、学ぶ喜びがもてるような授業づくりをしなくてはなりません。本校では、このような考えのもとに実践を積み重ねているところです。

さて、子どもたちにとって、楽しい冬休みが始まります。しかし、楽しい体験だけでなく、あわただしい年の瀬、お手伝いをしっかりさせていただきたいと思います。そして、この一年の、今学期のことを振り返るとともに、新しい年への夢や抱負についても子どもたちと話し合ってください。

この一年、本校教育のために、ご協力ご支援いただき心から感謝申し上げます。どうか、よいお年をお迎えください。

（学校通信「あらつ」平成十五年年末特別号）

17　心身ともにたくましく

「一月は去ぬる、二月は逃げる……」とよく節をつけて言われますが、早くも暦の上では立春が間近となりました。風花の舞う今冬一番の寒い日に行われた入学者選考も無事終わり、学校も平常に返ったところです。子どもたちは、三月の持久走に備えて体育の時間に懸命に練習を行っています。寒い中に足を真赤にし、白い息を吐きながら、歯をくいしばって走っている姿を見ていると、子どもたちはこのようにして鍛えられまた自らを鍛えて成長していくのだと思われ、そして、このまま心身ともにたくましく育っていってほしいと願わずにはいられません。

さて、今年度もあと五十日余となりましたが、この一年、教育界で注目すべき動きの一つとして、新学習指導要領が実施三年目で早くもその一部が改訂されることになったということがあります。昨年十二月に文部科学省から示されたもので、一部改訂の背景としては、実施前からの子どもの学力低下に対する懸念の高まりがあったことによるものと考えられます。改訂の主な内容は、指導要領の範囲や程度の「基準性」を明確にすると同時に、これまで厳密に運用されてきた「歯止め規程」を緩和させた点で、学習内容の習熟の程度に応じた指導や児童の興味・関心に応じた課題学習、補充的な学習、発展的な学習などがやりやすくなるということです。その他にも「総合的な学習の時間」のいっそうの充実などがあげられていますが、本校はこれらの点については新学習指導要領の実施前から検討し実践を積み重ねてきており、改訂にそって来年度から特に変更するということはありませんが、「確かな学力」とともに「豊かでたくましい心身」の育成ををめざしてさらに充実した実践をしていかなくてはならないと考えています。厳寒の中での遠行会や持久走もそのような願いの上に立って行われるものです。子どもたちもその願いにしっかり応えてくれています。今後とも保護者の皆様のご理解とご協力をよろしくお願いします。

（学校通信「あらつ」平成十六年二月号）

18　附属福岡小の一層の発展を願って

校庭の桜のつぼみもふくらんできて、美しい花の開花も間近いことが思われます。六年生の子どもも小学校の課程を終え、中学生という新しい世界に向かって大きくはばたこうとしています。

早いもので、私が本校の校長として赴任して三年がたちました。三年前の四月一日の本校赴任に際して、私が大切にしている、自戒としている三つのことば――①遠くを見る、②よいところを見る、③出会いを大切にする――について、個人的な感懐を先生方にお話しし、校長としてスタートを切りました。爾来三年、明るく素直ですばらしい表現力を発揮する子どもたち、本校教育に積極的に協力・支援してくださる保護者の方々や熱心な教官たちと学校生活をともにする中で、感動と発見のある充実した日々を送ることができました。

この三年間、ほんとうにいろいろなことがありましたが、長い教師生活の最後に、すばらしい子どもたち、保護者の方々や教官に出会って、楽しい充実した日々を過ごすことができたことを大変うれしくまた誇りに思います。

二十一世紀は変化と激動の時代になると考えられますが、どのような状況においても、自分を見失うことのない自立した子どもを育てなくてはなりません。先輩たちが営々と築いてきた附属福岡小の教育もそのような子どもの育成をめざしています。保護者と学校がさらに連携を密にして、附属福岡小学校の教育がますます充実発展することを心から願っています。

（学校通信「あらつ」平成十六年春休み号）

三　豊かな出会い

1　豊かな出会い

着任して早や一ヶ月。桜・藤・つつじ、子どもたちの元気な挨拶や明るい笑顔、熱心な教職員や保護者、ＯＢの方々……。この一ヶ月は私の長い教員生活の中で最も豊かな出会いの日々でした。

私は福岡教育大学にまいりまして七年目になりますが、それまでは、広島県で高等学校（二十三年間）と教育委員会（五年間）に勤務していました。高等学校、大学、行政において教育のことをいろいろと学び考えてきたわけですが、このたび最も大切であると考えています小学校教育に関わらせていただくことになり、うれしく思いますとともに身の引き締まる思いでいっぱいです。現在、福岡教育大学では国語教育を担当しています。研究領域は、文学教育の実践的研究、授業力形成過程に関する研究が中心ですが、ここ二、三年は大学における授業改善について実践的研究を試みているところです。

子どもが好きで教員になって三十余年、大切にしてきたこと、自戒としてきたことは、①良いところを見る、②遠くを見る、③出会いを大切にするということです。振り返ってみれば、あの時ああすればよかった、こうすべきであったと反省することばかりのようですが、この三点はこれからも大切にしていきたいと考えています。四月二十九日の藤見学芸会での子どもたちの伸び伸びとした豊かな表現力には圧倒されました。子どもたちのもっている可能性をひき出し伸ばしていくのが教師の仕事であるという「教育」の原点を改めて思い知らされました。

本校のめざす「二十一世紀の社会をよりよく生きる自立した子ども」の育成のために、微力ではありますが力を尽くす所存でございます。よろしくお願いいたします。

（「藤だな広報」一二一号、平成十三年六月）

2　教育の原点に立ち返って　――附属小学校就任二ヶ月――

四月二日、七分咲きの桜の下をくぐって、校長就任式に臨んでから二ヶ月が過ぎた。この二ヶ月は、「早や」ではなく「まだ」というのが時間的実感である。つまり、二ヶ月どころか、もう何ヶ月も校長としての生活を送っているように思われるのである。これは次々と展開する学校行事――就任式、始業式、中学校入学式（祝辞）、入学式、深交会（ＯＢ会）総会、遠足、父母教師会（ＰＴＡ）総会、初任者授業審議、藤見学芸会、教育実習事前指導、九附連総会、学校評議委員会、研究発表会指導案等審議、大学・先輩指導案等審議会、久留米附小との交流会、研究発表会、教育実習など――及びそこでの挨拶はほとんどが初体験であり、緊張感の高揚の集積が実際の時間以上のものを感じさせるのであろう。

多くの行事や挨拶等での緊張の日々であるが、そんな中で明るく大きな声で「おはようございまーす」とあいさつする子どもたちのかわいらしい姿にほっとするし、また、朝早くから夜遅くまで子どもたちのために分単位、秒単位のような生活の教官からは考えさせられ学ぶことも多い。まだ二ヶ月余りしかたっていないが、大学での生活だけでは考えられない貴重な体験ができ、このような機会を与えていただいたことをありがたく思っている。貴重な体験について今少し具体的に述べてみたい。

1　教育の原点に立ち返って

四月二十九日、本校では伝統行事の一つ藤見学芸会が実施される。クラスごとに劇や合唱、合奏などを発表するのであるが、学年初めであり、発表会に向けて企画し練習できるのは二週間くらいしかないのに、どのクラスも臆することなく堂々と歌い演じるのである。児童のこのようなみごとな表現力を目にすると、子どもたちは無限の可能性を持っており、その可能性を引き出し育てるのが教育であり教師の仕事であるという教育の原点に改めて思い至るのである。

2　指導力向上をめざして切磋琢磨

四月、五月と、研究発表会に向けてまず新任の教師のばあいを中心に授業や指導案の審議会が実施される。授業内容・方法についてはもちろんのこと、説明の仕方や言葉づかいに至るまで全員が徹底して意見を出し合うのである。一人の教師が何度も審議会で指導を受け、これまでの授業の取り組みの甘さがあぶり出されるという非常に厳しいものであるが、授業のあり方をめぐってお互いが切磋琢磨するということは長い教師生活の中では非常に貴重なことであろうと考える。私自身、すでにA4ファイル三冊になった審議資料や審議から、授業づくりのあり方についてはもちろん、授業力形成過程や教師のあり方などについて考えさせられ学ぶことが多いのである。

3　遠くを見て——附属学校の校長の立場

学校長というのは責任ある立場にあるというのは理解できても、実際に学校の教育課題、教育活動にどこまでどのようにかかわっていけばいいのか、あいまいである。副校長をはじめ他の教官と相談しながらやって行かなくてはならないが、常に遠くを見て現実の課題に対処できるような確かな目を持ちたいと思う。
まだ、二ヶ月が過ぎたばかりであるが、毎日がいろいろな人との出会いや新しい体験の連続であり、緊張の中、鍛えられている日々である。

（「ＰＲＡＣＴＩＣＥ」九号、平成十三年六月）

3　たくましく豊かに

「先生の子どものころの様子や夢、育成すべき子ども像についてお聞かせ下さい。」という広報委員からの執筆依頼を受けて、もう五十年も前になる私の幼少時代のことを思い浮かべたとき、今の子どもたちの世界とのあまりの違いに、今さらのように驚かされました。

四方を高い山に囲まれた、すり鉢の底のような村に育った私の思い出の中にあるイメージは、緑あふれる山野や清冽な小川の流れであり、近所の五、六人の友だちと魚を獲ったり、栗やアケビを採り、ターザンごっこをしたりなどして、夕焼け空に蝙蝠《こうもり》が飛び交うころまで時を忘れて遊んだりした日々の姿です。親は朝早くから夜遅くまで忙しく働き、そんな親になかば放っておかれるのをいいことに、学校から帰ると、時に友だちとけんかなどをしつつも、夏は川で泳いだり魚を獲ったり、冬は友だちと橇《そり》を作って雪の坂道をすべったりなどして、いつも体のどこかにすり傷やたん瘤《こぶ》をつくっていたような毎日でした。学校では、三、四年生ごろまではいたずら好きの腕白少年で先生からよく叱られていましたが、学校は好きだったようで、蹴球（サッカーとはいいませんでした。）ボールを確保するために薄暗いうちから登校していました。五、六年生では「将来は日本一の童話作家になる。」と言って、よく楽しい話や夢を語られた先生と出会い、自然に、将来は先生になろうと思うようになりました。

今思うと、私の少年時代は物質的に恵まれていませんでしたが、実に自由で豊かな時間を所有していたことになります。そのような自由な遊びの時間の中で、結果として子どもなりの知恵やたくましさを身につけていったように思います。

勉強や習いごとに忙しい今の子どもたちの生活は私のそれとはまさに別世界ですが、子どもも時代や社会の中で生きていく存在である以上、今の子どもたちを五十年前の山村の子の世界に戻すことはできません。できない以上、今の時代・社会状況の中で、どのようにしてたくましく豊かに生きていく子どもを育成するかということが、学校、家庭、地域での基本にして究極的な教育課題であると考えます。

子どもたちが生きていく二十一世紀は、国際化、情報化、高度科学技術化がますますスピードアップして進展していくと考えられますが、どのような時代・社会状況の中でも、自己を見失うことなくたくましく豊かに生きる真に自立した人間に育っていってほしいと思います。小学校教育はその基礎を育てるところです。そのためには、子どもたちの自主性・主体性を尊重しつつ、意図的・計画的に多くの自然体験、社会体験をさせることが大切です。本校の多くの伝統的な学校行事も、真に自立した人間を育てることをめざすものであり、大切にしていきたいと考えています。

（「藤だな広報」一二二号、平成十三年十二月）

4　凛として

さえわたる冷気の中に凛として
　　ミヤマシキミの赤かがやけり

一月中旬、宇美町の「昭和の森」から三郡山に登りました。途中の谷間の道で、ミヤマシキミ（ミカン科の常緑低木）の南天に似た真っ赤な実が目に飛び込んできました。ひんやりとした空気の中、冬枯れの木々の間にそこだけは輝いていました。冷気の中で真っ赤な実がしっかりと自分を主張しているようで、まさに凛として（きりっと引きしまって）いて、こちらも身の引きしまる思いでした。

お子様の小学校ご卒業、おめでとうございます。六年間の成長ぶりはどうでしょうか。思い万感のものがおありのことと思います。

卒業は新しい人生への旅立ちです。この六年間で身につけたものの上に立って、さらに大きくたくましくはばたいていってほしいと思います。子どもたち一人一人が、どんな困難にも負けず、常に前を向いて、凛として生きていくことを強く願う次第です。

（「藤だな広報」一二三号、平成十四年三月）

5　自らを磨《みが》き輝かそう

あたたかき陽ざしを浴びて藤芽吹き
八十七名今巣立ち行く

ご卒業おめでとうございます。さあ、いよいよ旅立ちです。あたたかい陽ざしを浴びて、今、八十七名のみなさんは輝いています。それはこの六年間、家族、先生、友だちなど多くの人たちに学び支えられ、みなさんも努力したことによって、自分のよさ、可能性が芽吹き、まさに花開かんとしているからだと思います。

「玉磨かざれば光なし」ということばがあります。玉とは美しい石（宝石）のことで、どんなに美しい石でも磨かなければ美しく光り輝くことはないということから、一人一人が持っているよさや能力はしっかりと努力したりきたえたりしないと、すぐれたものにはならないという意味です。小学校時代のみなさんは、家族の人や先生、友だちなどによって磨かれたことが多かったのですが、これからは自分で自分を磨き自分を輝かすという生き方が求められることが多くなります。問題意識を持ち、調べたり、人にたずねたり、美しい自然や芸術作品にふれたり、自分にないよさを持っている友だちと親しくしたりなど、自分から進んで自分を向上させようとする努力をすることが求められるようになります。自分の興味・関心、最もやりたいこと、自分のよさや十分でないところをしっかりと見極め、見定め、一歩一歩前進していってほしいと思います。

二十一世紀はみなさんの世紀です。国際化、情報化、科学技術の高度化がますます進む新世紀に、自分を見失うことなく、遠い将来（夢）を見すえ、今の自分を磨いていってください。

（「平成十三年度卒業アルバム」）

6　たくましく豊かな子どもの育成をめざして

二十一世紀の幕開けの今年度は、教育界においてもいろんな出来事や教育課題の提示がありました。とりわけ、六月に起きた大阪教育大学附属池田小学校での殺傷事件は忘れることができません。本校も保護者の協力を得て学校の安全管理を見直し、警備員を常設し、現在、子どもたちは安心して学校生活を送っています。また、十一月には文部科学省の「国立の教員養成系大学・学部の在り方に関する懇談会」が最終まとめを発表し、教員養成系大学・学部の統合再編が現実の問題となってきました。ただ、どのように統合再編されようとも本校が大きく変化するとは考えられません。これまでのように家庭と学校、地域とがしっかりと連携して、二十一世紀を生きるたくましく豊かな子どもの育成に当たらなくてはならないと考えます。

平成十三年度の父母教師の会の活動は、役員が全て入れ代わったこともあり、大変であったことと思いますが、会長、副会長さんを中心に、学級代表委員会や成人教育、文化、厚生、保健、広報、交通安全等の常置委員会、あらつフェスタ委員会などにおいて、役員さんや会員の方々が献身的な活動をされ、おかげさまで子どもたちも楽しい充実した学校生活を送ることができました。心からお礼申し上げます。本校の教育は長い伝統の上に築かれていますが、それはまた保護者の献身的な活動に支えられてきたものであることを強く感じるところです。

「藤だな広報」一二二号（平成十三年六月発行）で、前田剛会長は「愛校心」にふれられ、「児童、先生方、そして保護者が皆で学校を愛せば、その学校は発展します」と述べられておりますが、このことばは、我々教官の

本校教育に対する熱情をかき立てるものでもあり、ほんとうにありがたく思います。

今年四月からは、「生きる力」の育成を基本理念とした新学習指導要領が全面実施となります。内容面だけでなく、学校五日制という学校教育の枠組みも変わり、これまで以上に家庭と学校、地域とが連携を密にして子どもたちの教育に当たらなくてはならないと考えます。役員、会員のみなさんの一層のご協力ご支援をお願いいします。

（「平成十三年度父母教師会活動記録」、平成十四年三月）

7　『二〇〇一年附属福岡小の教育』刊行にあたって

二十一世紀幕開けの年度に、また、「生きる力」の育成を基本理念とした大きな教育改革をめざす新学習指導要領の全面実施を目前にした節目の年に、『二〇〇一年附属福岡小の教育』が刊行されることは、大変意義深いことである。

本年度も、「二十一世紀の社会をよりよく生きる自立した子ども」の育成をめざして、学習指導はもちろんのこと、学年・学級経営、多くの伝統的な学校行事等に取り組んできたが、日々の子どもたちの積極的な学習活動や学校行事において見せる豊かな表現力、規律ある行動などに、その成果の一端をうかがうことができる。また、校外での活動においても、福岡県小学校音楽コンクールでの銀賞（合奏の部）、銅賞（重唱の部）の受賞や、「JA共済」作文コンクールでの最優秀賞（個人及び学校）の受賞は、日々の教育活動の成果の延長線上にあるものとしてとらえることができよう。

本書は、そのような本年度の教育活動を、「学校の概要」（年間行事計画など）、「研究推進」、「学年経営」、「帰国子女教育」、「特殊教育」、「学校保健」、「学校給食」などについて、教育推進の立場から資料を中心として整理したものである。

本書は、本年度の本校教育の全容を整理したものであるが、これは同時に、一世紀を優に越える本校の長い歴史の中で積み上げられてきた本校教育の到達点を示すものでもあると言えよう。本校の教育は、伝統のよさを堅持しつつ、新しい時代の要請に応え、一層充実した教育内容を創造するものでなくてはならない。
　教育実践を整理することは、新たな教育実践のスタートである。本書の刊行が「二十一世紀の社会をよりよく生きる自立した子ども」の育成をめざす教育充実の契機となることを切に願う次第である。

（『二〇〇一年附属福岡小の教育』、平成十四年三月）

8　自立への支援を

昼時、まぶしいほどの緑に囲まれた校庭で、笑顔いっぱいに元気よく、ドッジボールやサッカー、フットベースボール、一輪車乗りなどの遊びに興じている子どもたちの姿を目にすると、このまま真っ直ぐに健やかに育っていってほしいと願わずにはいられません。

子育て、教育とは、「夢を語り、夢を育むこと」といわれますが、変化の激しい二十一世紀の社会を生きていく子どもたちのことを考えると、さらに「自立心を育て、自立を促すこと」でなくてはならないと思います。学校では、授業や行事などのあらゆる教育活動を通じて、知識・技能などの基礎基本の力とともに、自ら学び、自ら考え判断し、他人とも協調してきちんと行動（表現）できる学力を育てなくてはなりません。また、家庭においても、仕事、役割の分担などをし、親子の対話をしっかり図って、自立心を育てる支援をすることが肝要であると考えます。

福岡県出身の作家である五木寛之は、『生きるヒント2』という本の中で、親は幼い子を育てることで十分楽しんだのだから（親孝行をしてもらったのだから）、もう親孝行を求めるべきではない（子どもの自立を応援するべきだ）というようなことを述べています。つらいことですが、子どもはやがては巣立っていかなくてはならない存在であることをしっかりと心に止めて子育てに当たらなくてはならないと考えます。

「なかなか大人にならない、巣立ちの遅い」「指示をしないと動かない」「ことばのキャッチボールができない」若者が増え続けていることが社会問題となって久しいのですが、このような実態（現実）を視野に入れて、家庭教育、小学校教育を考えていかなくてはならないと強く考えるところです。

（「藤だな広報」一二四号、平成十四年六月）

9　新世紀、大きな変革を前に

今、国立大学は二つの大変革の波に洗われており、附属学校もその影響の波をかぶろうとしています。一つは、明治の帝国大学の創設、戦後の新制大学発足につぐ大改革といわれる「国立大学独立行政法人化」で、平成十六年四月にスタートすることになっています。もう一つは「国立大学教員養成系大学・学部の統合再編」です。これは今年度中にどこの大学とどのような形で統合再編されるのか具体的な方向が示される予定になっていますが、なお流動中です。

この二つの大改革によって附属福岡小学校の規模や内容がどうのように変わるのか、現時点では全く不明です。ただ、どのような変革がなされようとも、一二七年の間に営々と築かれ受け継がれてきた本校の伝統のよさは守っていかなくてはならないと考えます。同窓の先輩諸氏のご支援を切にお願いします。

（「同窓会会報」、平成十四年六月）

10　土・日の過ごし方を意図的・計画的に

今年四月から新学習指導要領の本格実施とともに学校も週五日制になりましたが、この完全学校週五日制は、中央教育審議会の「二十一世紀を展望した我が国の教育のあり方について」の第一次答申（平成八年七月）において、「ゆとり」の中で「生きる力」を育む観点から提言されました。そのねらいは次の三点です。

①自然体験や社会体験、スポーツ文化活動などを通して、豊かな心や主体的に行動する力を育成する。
②家族と過ごす機会が増えることにより、家庭の教育力が高まる。
③地域の行事等に参加する機会が増え、地域を理解し地域の一員としての自覚が高まる。

ご家庭でのお子さんの土曜日、日曜日の過ごし方はどうでしょうか。広報委員会調査の「特集　完全学校週五日制、土曜日の過ごし方」のアンケート結果によると、土曜日の過ごし方として、次のような特徴がうかがえます。

ア　塾・習い事、家庭学習は学年が上がるにつれて多くなっている。
イ　趣味・スポーツ、家族団らんは逆に学年が上がるにつれて少なくなっている。
ウ　地域活動は二～三パーセントで極めて少ない。
エ　楽しい土曜日の過ごし方の希望は、趣味・スポーツが圧倒的に多く、次いで家族団らんである。

アとイとは裏腹の相関関係にあり納得できる特徴といえますが、一割にも満たない中・高年生の家族団らんは、地域活動の少なさとともに今後の課題であると考えます。

家庭において土・日曜日の過ごし方を考えるとき、仕事の関係で土曜日が休日にならないとか、地域での活動の受け皿がまだそれほど整備されていないなどの外的条件もありむつかしい点もありますが、土曜日が休みになったねらいをふまえ親子でしっかり相談して意図的・計画的な過ごし方をさせることが肝要であると考えます。

家庭、学校、地域がしっかりと連携をとって課題を明らかにしつつ、条件を整えながら、子どもたちに楽しい有意義な土・日曜日を過ごさせたいものです。

（「藤だな広報」一二五号、平成十四年十二月）

11　本とのすばらしい出会いを

「人は生まれてから死ぬまでの間にどれほどの『出会い』に遭遇するのでしょうか。私はこの本との出会いによって、一つ一つの出会いにはそれぞれ意義があり、むだなものなどないのだという事を思い知らされました。」

これは今年度の青少年読書感想文全国コンクール（全国学校図書館協議会・毎日新聞社主催）の小学校高学年の部で最優秀賞を得た大阪市立西三国小学校五年生の小泉葵さんの読書感想文の一節です。『よみがえれ白いライオン』（マイケル・モーパーゴ作、評論社）の中の主人公の少年のいろいろな出会いをとらえることを通して、小泉さん自身、「出会い」の大切さについて深く考えていて、本とのすばらしい出会いをしています。

このたび、みなさん一人一人の感動した本についての紹介文を集めた『私がすすめるこの一冊』が冊子になりました。これは、みなさん一人一人の、本とのすばらしい出会いの記録集です。「すばらしい本をもっとたくさん読みたいな」、「いろいろ読みたいけど、どんな本を読んだらいいかわからない」と思っている人にとって、この『私がすすめるこの一冊』は、たくさんのすばらしい本に出会わせてくれることでしょう。また、「本のおもしろさなんてよくわからない」と思っている人にとって、親しい友だちの感動した本を知ることにより、きっと本に興味を持つようになるであろうと思います。

最近、読書の大切さがよく言われていますが、それは次のような読書のよさがあるからです。

①自然や社会、歴史などについてのいろいろな情報を得ることにより、ものの見方や考え方を深め広げること

ができる。
②実際には会うことのできないいろいろな人に出会い、人間としての生き方についての考えを深めることができる。
③たくさんのことば、すばらしいことばに出会い、広く深く考える力や、ゆたかに感じ取る力をみにつけることができる。
みなさんが生きていく二十一世紀は、今以上に情報にあふれ、社会の動きもますますスピードアップして、何が真実であり事実であるのか非常に見えにくい時代になるのではないかと思われます。そのような時代に大切となるものは、広く深く考え、豊かに感じ取る力です。これには読書が大きな力となります。『私がすすめるこの一冊』により、本とのすばらしい出会いをし、豊かな読書生活をきずいていってほしいと心から願っています。

（『私がすすめるこの一冊』、平成十五年一月）

12　遠くを、見えないものを見る目を

みなさんは昼の星を見たことがありますか。肉眼では見えませんが、望遠鏡で見るとレンズの向こう白くかすむ中に星がキラキラ輝いて見えるそうです。童謡詩人の金子みすゞはその昼の星のことを次のようにうたっています。

青いお空の底深く／海の小石のそのように
夜が来るまで沈んでる／昼のお星は目に見えぬ
見えぬけれどもあるんだよ／見えぬものでもあるんだよ

わたしたちは昼の星など気にかけることはありませんが、この詩人は「青いお空の底深く／海の小石のそのように……」と想像豊かに見えないものを心でとらえてうたっています。

ところで、見えないものを見るのは金子みすゞのような詩人だけではなく科学者もそのような目を持っているといえます。不思議に思ったことや見えないものを、実験を繰り返し行うことで、現実に存在するものとして取り出すのです。今年度のノーベル賞物理学賞を受賞された小柴昌俊さんは、はるか宇宙のかなたから飛来するニュートリノという目ではとらえることのできない微粒子を、実験を重ねる中でとらえることができたのです。化学賞受賞の田中耕一さんも目には見えない蛋白質の不思議な世界を明らかにしようとして実験を重ね、思考し想像して、事実を導き出したのです。

この詩人と科学者に共通するものは、不思議なもの、当たり前だとして見過ごしてしまうものや見えないものを、ゆたかな想像力や鋭い感性でとらえているということです。いわば遠くを、見えないものを見ようとする目だといえます。
みなさんはいよいよ中学生ですが、中学生になると小学校時代と違って自分で考え判断し行動しなくてはならないことがずっと多くなります。また、みなさんが生きる二十一世紀は、国際化、情報化、科学技術の高度化などがますます進展し、複雑で価値観もさらに多様化する時代になると考えられます。そのような時代に求められるものは、何が正しいのか、何が本当なのかという、真実・事実をとらえ見抜く力であると考えます。そしてそのような力は、見えないものを見ようとする豊かな想像力や鋭い感性であり、粘り強く思考し対象をとらえようとする冷静な目であろうと思います。
みなさんはこれから広い世界に羽ばたいていき、たくさんの人やできごとに出会いますが、その中で、想像力を育み、感性を磨き、科学的な見方を身につけてほしいと思います。そのためには、何よりも「読書生活を充実させること」が大切であると考えます。本は、たくさんの情報を得、広い世界を体験できるだけでなく、ことばを豊かにしてくれます。私たちは日々、感じ、想像し、思考するのは、ことばで行っているのであり、想像力を育み、感性を磨き、思考力を高めるために読書は重要な役割を担っているといえます。

遠くを見て、今をしっかりと生きていってほしいと心から願っています。

（「ふじだな文集」五三号、平成十五年三月）

13　遠くを見て今を大切に生きよ

ご卒業おめでとうございます。今、みなさんは、中学校という新しい世界を目前にして、希望と静かな闘志を抱いて旅立とうとしていることと思います。そこでみなさんに一つのことばを送ります。それは「遠くを見て今を大切に生きよ」ということばです。このことばは、目先の楽しみばかりを追うのではなく、遠い将来のこと、一生をかけてする仕事を思い描いて、そのためには今どのような生き方をしなければならないのか、どのように勉強し体を鍛えなければならないのかをしっかりと考えて日々を過ごしてほしいということです。これまでは、家族や先生、友だちなどから教えられながら自分を向上させてきましたが、これからは、自ら課題を持ち、自ら進んで課題を解決するという主体的な行動力・実践力がより大切になります。

若々しいみなさんには、どんな時でもどんなものからでも、学ぼうとする気持ちがあれば、たくさんのことを吸収し、豊かに成長できる可能性があります。先生や友だちやいろいろな物事との出会いを大切にし、常に学ぶ気持ちを持ち、遠くを見て、今をしっかりと努力することを願っています。

（「平成十四年度卒業アルバム」）

14　新学習指導要領全面実施から一年

新学習指導要領全面実施から、一年が経ちました。今後、実施した教育課程の評価や評価をもとにした指導の改善について具現化していかねばなりません。

本校では、この完全実施に向けて、これまでかなりの年数をかけ、研究実践を積み重ねてきました。

平成九年後からは、それまでの研究をもとに、人間教育のあり方に目を向け、「豊かな人間の育成をめざす教育の創造」という主題を掲げて研究に取り組んで参りました。その中では、「知恵と心情を育む教科・総合的学習の調和的展開」という副主題を設定し、知恵と心情を育むべく、文化の拡充を担う教科と、生活の更新を担う総合的学習とに、共通する学習方法原理を取り入れることで、調和的な展開を図ってきました。これらの研究の成果につきましては、著書『調和的に展開する教科・総合的学習「新世紀の学力づくり」』（明治図書）として、すでに発刊しています。

平成十三年度からは、それまでの研究成果をさらに発展させ、「豊かな人間の育成をめざす教育課程の創造」という主題を掲げて研究に取り組んで参りました。その中では、本校の教育目標を三つの特性（主体性・創造性・社会性）から割り出し、各教科等で育むべき資質・能力を明確にし、その関連付けを意図的・計画的に行うカリキュラムづくりを進めてきました。

本年度は、さらにこうした研究を発展させるために、『「自己追究」の学びを拓く〈ふくおかプラン〉の展開』

を副主題に、研究の方向を評価と評価をもとにした指導改善に焦点化して、「豊かな人間の育成をめざす教育課程の創造」に取り組んでいるところです。また、これらの研究成果につきましては、著書『未来を拓く教科・総合の学び「評価で変える！　カリキュラムづくり」』（明治図書）として、本発表会より発刊しております。

この研究発表会が多くの方々のご指導・ご支援のもとに開催できていることに深く感謝申し上げますとともに、今後とも各方面からのご助言やご協力をお願いする次第でございます。

（「教育研究会要録」、平成十五年五月）

15　自分探しへの旅立ち　――出会いを大切に――

ご卒業おめでとうございます。この六年間を振り返るとき、みなさんの胸に去来するものはどんなことでしょうか。十一月五日～七日の修学旅行のことはまだ鮮やかに思い浮かぶことでしょう。鎖国の時代に中国や西欧に唯一門戸が開かれていた長崎では、他では見られない歴史や文化が息づいていたこと、原爆の悲惨さや平和の大切さに強く心が動かされたこと、また、島原の普賢岳の噴火による火砕流や土石流被害にみる自然の力の大きさ、そして阿蘇の自然の雄大さと美しさに圧倒されたこと。修学旅行はわずか三日間でしたが、他では見られない歴史や文化、そして、核（兵器）という今日的な課題、また、自然の恐さとすばらしさなどとの貴重な出会いによってみなさんの知識の中に新しいものが加わり、ものの見方や考え方が広く深くなったことと思います。

「人生は出会いである」と言われます。このことばは、その人が、どんな人にどんなことに出会い、そこからどんなことを学ぶかによって、ものの見方や考え方、さらにはその人の生き方までもが決まってくるということです。

谷川俊太郎の「ネロ――愛された小さな犬に――」という詩の一節に次のようなことばがあります。

……そして新しいいろいろのことを僕は知ってゆく
美しいこと　みにくいこと　僕を元気づけてくれるようなこと　僕をかなしくするようなこと
そして僕は質問する

いったい何だろう
いったい何故だろう
いったいどうするべきなのだろうと

みなさんも中学生になると今までとは違った新たないろんな出会いをすると思います。そしてこの詩にあるような人生永遠の課題――「自分とは、人間とは何だろう」「どのように生きていくべきなのだろう」――を持つようになります。いわば「自分探し」への新たな旅のはじまりです。

みなさんが生きていく二十一世紀の社会は、国際化、情報化、科学技術の高度化などが益々進み、価値観も多様になると考えられます。そのような激しく変化・進展する社会にあって、自分を失うことなく、本当の自分を探しあてるためには、「美しいこと　みにくいこと　僕を元気づけてくれるようなこと　僕をかなしくするようなこと」などの出会いに対し、常に学ぶ気持ちを持ってきちんと向き合っていくことだと考えます。

みなさんの前途が洋々と開け、すばらしい出会いがあることを心から願っています。

（「ふじだな文集」五四号、平成十六年一月）

16　Hand in Hand

十一月二十二日（土）に行われた「あらつフェスタ」は、「Hand in Hand」（手に手をとって）のテーマにふさわしく、児童、保護者、教師が三位一体になったすばらしいイベントとなりました。イベント紹介、各学年・学級のよく工夫されたイベント、厚生・保健・広報委員会による友愛セールや喫茶コーナーや写真・缶バッチ販売、「おやじの会」による豚汁・ポップコーンコーナー、三組の保護者によるインターナショナルフード＆クラフトカード販売、そしてフェスタの最後を飾る体験発表と附小ウルトラクイズなどと、非常に多彩で子どもたちもほんとうに楽しそうでした。このような児童・保護者・教師の三者による多彩なイベントがにぎやかな中にも整然と行われるのは附属福岡小学校ならではのことで、事前の準備や子どもへの指導の大変さが思われるとともに、本校の子どもたちはほんとうに幸せだと思ったことでした。

この「あらつフェスタ」の活動に象徴されるように、父母教師の会の今年度の活動も、会長、副会長さんを中心に、学級代表委員会や成人教育、文化、厚生、保健、広報、交通安全等の常置委員会、あらつフェスタ委員会の委員のみなさんが、お忙しい中をたびたび学校に足を運ばれ、献身的な活動をされ、おかげさまで今年度も子どもたちは楽しい充実した学校生活を送ることができました。また、県内外から一五〇〇名を越える参会者を得て開催された研究発表会でも受付や接待などのお世話いただき、あらつ大運動会ではお父さん方に今年も警備にあたっていただきました。このような活動一つとってみましても、本校の教育は父母教師の会の活動にしっかりと支えられているのであり、改めて心からお礼申し上げる次第です。

今年度は、学力低下への懸念の高まりを背景とした新学習指導要領の改訂が早くも示され、また、国立大学独立行政法人化を直前にして変革への準備を急いでおり（附属学校はしばらくは具体的な動きはなさそうですが）、今後あわただしい動きがあるとしても、本校では、「二十一世紀の社会をよりよく生きる自立した子ども」の育成をめざして、「確かな学力」と「たくましい心身」を身につけさせなくてはならないと考えています。本年度も本校教育へのご協力ご支援を賜りましたことに厚く感謝しますとともに、今後とも保護者と学校とがしっかりと「手に手をとって」子どもの教育にあたらなくてはならないと考えます。父母教師の会の活動が今後とも益々充実発展しますことを心から願っています。

（「平成十五年度父母教師会活動記録」、平成十六年三月）

17　希望と誇りを大切に

〝春風や闘志抱きて丘に立つ〟（高浜虚子）

ご卒業おめでとうございます。今、みなさんはあたたかい春風の中に、新しい生活に向かって静かな闘志を抱いて立っていることでしょう。この六年間、家族や友だち、先生など多くの人たちに支えられ励まされてがんばってきましたが、明日からはみなさん自身が主人公です。自ら考え、判断し、きちんと行動することが、これまでよりずっと多く求められるようになります。これまで本校で学んだこと、学んだ人たちのことを大切に、誇りとして、一歩一歩進んでいってほしいと思います。

みなさんが生きる二十一世紀は〝変化と激動〟の時代だと言われます。それは見通しの立てにくい、夢や希望の持ちにくい時代であるということでもありますが、見方を変えれば夢や希望を大切にすることが二十一世紀を確かに豊かに生きることになるのだということでもあります。そして、夢や希望を大切に生きるということは、その根底に、遠くを見て、出会う多くの人々やものから素直に学んでいこうとする姿勢を持ち続けるということです。

附属福岡小学校で学んだことを誇りとして、夢、希望の達成をめざして、静かな闘志を胸に、これからもひたすら学びつづけていってください。

（「平成十五年度卒業アルバム」）

四　「仏様の指」のような技術を

――「ことば」でつづる子育て（教育）論――

はじめに

今年（平成十六年）の三月まで附属福岡小学校長として過ごした三年間は、四十年近くになる私の教員生活の中で最も忘れ難いものになると考えます。明るくて素直で元気な子どもたち、献身的に協力される保護者の方々、ひたむきに努力される熱心な先生方。長い教員生活の最後に、附属福岡小学校の教育にかかわることができたことをほんとうにうれしく思うとともに誇りに思います。この三年間、いろいろなことがありましたが、今、振り返ってみますと、子どもたち、保護者、先生方、深交会の先輩諸氏から学ぶことばかりで、申し訳なく思いますが、私自身の教育に対する考えや思いは深まり広がりました。心から感謝いたします。それらを、私がこれまで出会った大切な「ことば」としてまとめ、教育への提言としたいと思います。

1　教育とは、夢を語り夢を育てること

校長一年目の平成十三年六月八日の大阪教育大学附属池田小学校で八名の児童が刺殺された事件は衝撃でした。

・「わたしは、いろんなくにのことばを、おぼえて、せかいをまわって、いろんなひととおはなししてみたいな。」

・「スペースシャトルをつくって、そのなかのやくだつロボットをつくって、みんなをのせてみたいです。それで、せかいいっしゅうを、したいです。」

・「二十一せいきになったら、いままでにないおいしいクッキーやケーキをつくれるようになりたいです。」

これは命を断たれた子どもたちが一年前（一年生のとき）に文集に似顔絵とともに書き綴った「将来の夢」です。明日を信じて子どもらしいかわいらしい夢が語られています。この子たちの夢は、無惨にも命を奪われて断たれてしまったのです。

教育とは、子どもたちの自立を促していく営みですが、また、それは「夢を語り夢を育てること」であるということを、この事件で痛切に思い知らされました。

ノーベル物理学賞を受賞した小柴昌俊さんは受賞後のインタビューで「夢を持つことが大切で、その夢をていねいに育てれば必ずかなうものです」と応えています。小柴さんは若いときに抱いた宇宙への壮大な夢を、長い時間をかけて育み、その夢を達成したのです。

現代は夢を持ちにくい時代ですが、夢は希望を、粘り強く努力するエネルギーを生みます。子どもたちに夢を語ること、子どもたちの夢を育てることを教育の基本理念にしなくてはならないと考えます。

2　子育てとは、裏切られていく歴史、自立への道程

本校のめざす子ども像は、「二十一世紀の社会をよりよく生きる自立した子ども」ですが、子育て、子どもの自立ということを考えるとき、すぐ思い浮かぶ「ことば」が二つあります。

一つは、

我をうとみ押し入れにこもる少年を
　幼名に呼びて涙湧き出づ

という短歌です。これは歌人の近藤芳美が「朝日歌壇」の投稿歌から選んで編集した『無名者の歌抄』（岩波新書）の歌の中の一首です。「我」に反抗して押し入れにこもった少年を「〇〇ちゃん」と幼名でやさしく呼びかけるが、ふと涙が込み上げてきたというのです。この母親の涙は、かたくなに反抗する幼い我が子の姿に、いずれは自分から離れ去ってゆくであろう自立の芽生えを見てとったものの涙であろうと思います。このような歌をうたった母親は、その後は、少年に愛情をいっぱい注ぎながらも、離れていくという予感からくる寂しさを乗り越えて子どもの自立を考える、覚めた目をもつようになったと考えられます。

もう一つは、福岡県出身の作家五木寛之の「ことば」で、『生きるヒント2』という本の中で、「親は幼い子を

育てることで十分楽しんだんだから（親孝行をしてもらったんだから）、もう親孝行を求めるべきではない（子どもの自立を応援するべきだ）」というようなことを述べています。

「子育てとは裏切られていく歴史であり、自立への道程である」と述べた人がいますが、子育てとは、子どもの自立を支援し自立を促していく営みであると考えます。子どもに注ぐ愛情は、かわいいとかいとおしいとかという感情の発露からだけではなくて、子どもの自立心を育てるために、子どもの行動を覚めた目でとらえ、時に厳しくあたるものでなくてはならないと考えます。

3　偉大な教師は子どもの心に火をつける

新（現行）学習指導要領がスタートして三年目になります。その基本的な方向は「生きる力の育成」ですが、「生きる力」については、ご承知のように、「第十五期中央教育審議会第一次答申」（中間まとめ、平成八年七月十八日）に、次のように定義づけられています。

「変化の激しいこれからの社会の中で、自分で課題を見つけ、自ら学び、自ら考え、主体的に判断し、行動し、よりよく問題を解決する資質や能力であり、また、自らを律しつつ、他人を思いやる心や感動する心など豊かな人間性、そしてたくましく生きるための健康や体力などの資質や能力」

「学びからの逃走」（佐藤学『学びから逃走する子どもたち』、岩波ブックレット、二〇〇〇年）現象の中で、「自分で課題を見つけ、自ら学び自ら考え、主体的に判断し、行動し、よりよく問題を解決する」子どもを育てるための授業づくりをめざしたいろいろな取り組みがなされていますが、要は、課題にいかに出会わせるかであろうと考えます。課題が学習者にとって切実で必然性のあるものであれば、学習者は意欲をもって主体的に取り組み、学力もより効果的に身につくものと考えます。イギリスの教育哲学者ウイリアムス・アーサー・ワッドは「凡庸な教師はただしゃべる。よい教師は説明する。すぐれた教師は自らやってみせる。そして偉大な教師は子どもの心に火をつける」と述べています（「悠」二〇〇一年五月号から）。学習意欲をいかに喚起するか、指導者の資質能力が問われるところです。

4 「仏様の指」のような技術を

「子どもの心に火をつける」のような激しい表現ではありませんが、大村はま氏は、子どもたちが、将来「一本立ちした、ひとりで生きていける」力を育むために「仏様の指のようなみごとな技術をもちたい」と述べています。「仏様の指」とは、大村はま氏が若き日に、読書会で師の奥田正造先生から聞かされたという次のような話です。

「仏様がある時、道ばたに立っていらっしゃると、一人の男が荷物をいっぱい積んだ車を引いて通りかかった。そこはたいへんなぬかるみであった。車は、そのぬかるみにはまってしまって、男は懸命に引くけれども、車は動こうともしない。男は汗びっしょりになって苦しんでいる。いつまでたっても、どうしても車は抜けない。その時、仏様は、しばらく男の様子を見ていらっしゃいましたが、ちょっと指でその車におふれになった。その瞬間、車はすっとぬかるみから抜けて、からからと男は引いていってしまった。」

奥田先生はこの話に続けて、

「こういうのがほんとうの一級の教師なんだ。男はみ仏の指の力にあずかったことを永遠に知らない。自分が努力して、ついに引き得たという自信と喜びとで、その車を引いていったのだ」と述べられたという。大村はま氏はこの話を重いものとして受けとめ、後に「教師の本懐」として、次のように述べています。

「あの仏様の指のような存在でありたいと思います。そして、豊かな力を、先生の指がふれたことも気づかずに、自分の能力と思い、自分のみがき上げた実力であると思って、自信に満ちて、勇ましく次の時代を背負っていってくれたら、私はほんとうの教師の仕事の成果はそこにあると思うのです。そして、その仏様の指のようなみごとな技術をもちたいと思います。めだたない、させられていると思わない場面の中に子どもを入れて、子どもたちを勉強させたいものだと思っているのです。そうする時にはじめて未来の幸せを作り出す、一本立ちした、一人で生きていける人間というものが、できていくのではないかと思います。」〈「教えるということ」〈『大村はま国語教室11』〉〉

この「仏様の指」のような技術はたいへんな力量ですが、このような指導技術、支援のあり方を身につけることをめざさなくてはほんとうの「生きる力」を育てることにはならないのではないかと考えます。それこそがプロの教師がめざし身につけなくてはならない指導技術であると思います。

5　「耳を傾けて聞くということは……偉大な愛のあかしである」

喜寿を過ぎてなお国語教育やボランティア活動などの一線で活躍されている久留米の原榮一先生から、毎月送っていただく「梅井文庫通信」（通巻七八号・二〇〇三年二月号）に、オーストリアの思想家イバン・イリイチの

「耳を傾けて聞くということは、語ることよりもはるかに偉大な愛のあかしである」

ということばが紹介されていました。「対話力」、「伝え合う力」、「話す・聞く力」の育成が重視され、いろいろな試みがなされていますが、それらの能力育成を考える時、最も重要なのは「聞く力」であると考えていただけに、このイリイチのことばには深く共感を覚えました。耳を傾けてしっかりと相手の話を聞こうとすれば、相手も心を開き自分の考えや思いをしっかりと伝えようとすることになり、そこに真の対話が成立することになると考えます。

では、教室で「耳を傾けて聞く」力・態度を育てるにはどうすればよいか。「静かにしてしっかり聞きなさい」では「耳を傾けて」とはなりません。教師が、日常的に、聞きたくなるようないい話を、巧みな話法で話すことを積み重ねることであると考えます。

また、私はイリイチのことばを目にした時、大学四年生の時の近代文学研究会の送別会で、恩師の清水文雄先生が色紙に枯れた字でしたためてくださった次の和歌のことを思い出しました。

うちわびて呼ばはむ声に山彦の
応へぬ山はあらじとぞ思ふ　（古今和歌集・恋歌・読み人知らず）

なぜこの歌なのか、その時はよくわかりませんでしたが、卒業して二十年近くたって、ある教育誌に、「真の対話」というテーマで清水先生が書かれた文章に、この歌が引用されていて、現代人の人間関係の希薄さ、祈るような気持ちで、相手に自分の気持ちを表現することの大切さが述べられていて、初めて先生の真意が理解できたのでした。

今日、対話力や伝え合う力を育てるためにいろいろの実践がなされていますが、話す・聞く技術を支え、真の対話を成立させる「耳を傾けて」聞き、「心をこめて」話すことの重要性を、実践の基底に位置づけなくてはならないと考えます。

おわりに

高等学校と大学の経験しかない私が、附属福岡小学校で、わずか三年間ではありましたが、小学校教育にかかわることができたのは、長い教師生活の中で大変貴重な経験となりました。

「教育とは、夢を語り夢を育てること」、「子育てとは、裏切られていく歴史、自立への道程」、「偉大な教師は子どもの心に火をつける」、「『仏様の指』のような技術を」、「耳を傾けて聞くということは……偉大な愛のあかしである」という五つの「ことば」をもとに、三年間の教育に対する思いの一端を述べさせていただきましたが、ここにとりあげた教育観は、小学校教育にだけかかわるものではありません。児童生徒の教育にかかわる教師が、プロの教師として考えなくては、身につけなくてはならない力量であり、姿勢であると思います。

大学生に対し、教科や教科教育の専門的な内容だけでなく、教師像についても、教えるべきはきちんと教えなくてはならないということを、三年前と比べて強く思うようになり実践できるようにもなりました。

この三年間、子どもたち、保護者の方々、先生方、深交会の先輩諸氏とのかかわりの中で得たものを、今後とも大切にしていきたいと強く思っているところです。

（「深交」教育への提言）

Ⅱ　ふたりの恩師

一　清水文雄先生のこと

1　うちわびて呼ばはむ声に山彦の……

「『うちわびて呼ばはむ声に山彦の応へぬ山はあらじとぞ思ふ』（古今和歌集・恋歌）
この歌は、私が大学を卒業する時の近代文学研究会という研究会の送別会の席で、指導教官である白髪の老教授が色紙に書いてくださったものです。なぜ男性の老教授が恋歌を贈ってくださったのか、その時は、先生の最も好きな歌の一首なのだろうくらいにしか思っていなかったのですが、なぜか心に残り、その後の教師生活を続けていくうちに、この歌の持つ意味がだんだん重いものになっていきました。……」

大学での講義のオリエンテーションの冒頭――「国語科教育と私――心に残ることば――自己紹介にかえて――」で、私はこの話から始めることにしている。

昭和四十二年三月、近代文学研究会の送別会で先生は色紙にやや肉太の枯れた美しい文字でこの恋歌をしたためてくださった。祈るような気持ちで自分の恋の思いを相手に伝えようとするこの歌を、巣立っていく一学生になぜ贈られたのか、そのときはその真意をとらえることができなかったのである。その後高校教師となり、生徒にはこの歌を「大学の先生から教えられた〈究極の恋の歌〉」として紹介し続けたのであるが、紹介しながらもだんだんと先生の真意に思い至るようになったのである。

この歌の思いについての先生ご自身の真意を述べられた文章に私がふれたのは、「続　河の音」（王朝文学の会、昭和五十九年十月発行）の中の「ちかごろ思うこと――一国語教師の反省――」においてであった。この文章は、私が色紙に書いていただいてからほぼ一年半後の昭和四十三年八月に書かれ、「学校教育」（六一〇号）に発表されたものである。二十年近くもの間この文章を見つけることのできなかった自分の不勉強、不実を恥じたのではあるが、長年心にかかっていた先生の真意をはっきりと知ることができて心が軽くなるのを覚えたことであった。

だが、この度「続　河の音」を読み返してみて、「うちわびて……」にこめられた先生の真意は、もっと深いところにあったのだ感得したのである。先生は「対話」について次のように述べられている。

「対話」ということばの流行は、対話がさかんに行われていることを表徴するものでなく、ぎゃくに、個と個がたがいに自己を高めあう真の対話が異常なまでに衰微している現状に対応する現象とみることができる。（中略）

うちわびて呼ばはむ声に山彦のこたへぬ山はあらじとぞ思ふ

古今集に見える恋歌である。恋する人の祈りにも似た真情の見られる歌である。恋歌ではあるが、心のこもった呼び声には、こだまのように、かならず答えがかえってくる、という普遍的な意味が、おのずからに汲みとれる歌である。このような思いを持ちつづける人と人との間に、真の対話は成り立つのであろう。

この文章に示されている「対話」実態は、今日的状況そのものであり、先生の現状認識の深さに今さらながらおどろかされるのであるが、音声言語とりわけ対話の指導が、今日、国語科教育の実践上の課題として重要視されていることを考えると、三十年間の「対話」に対する先生の憂慮もまたどんなに深かったことであろうかと思われるのである。

また、教育の場での対話について、次のように述べられている。

教師の主体と児童の主体との、たがいに相手を志向しあう出会いの瞬間に、生きた教育ははじまるのであろう。その瞬間、「われとなんじ」の関係が成立し、両者の間に交わされることばが真の対話となるのも、ここを基点とする。

「たがいに相手を志向しあう出会い」とは、教師の立場からいえば、「真の探究者である」という点では「教師自身も学習者であるという謙虚な自覚」をもって児童に対することであるとされている。

今日、対話能力の育成をめざして、具体的な対話の場をもうけ、さまざまな工夫をこらした実践が試みられているが、相手の考え、思いをきちんと受けとめ、相手にきちんとかかわろうとする姿勢（精神）の問題も視野に入れた実践でなくてはならないと考えるのである。

「うちわびて呼ばはむ声に……」の歌とともに、先生の「姿」として忘れられないのは登山の思い出である。先生との山行は二度ある。大学四年（昭和三十九年）十月、クラスメート二十人ほどで南原峡経由で一面熊笹におおわれていた可部冠山に登ったこと。また、翌年の（昭和四十年）十二月に、北岡、大槻、浜本、白石、槙林、田辺、真鍋さんなどの大学院の先輩諸氏と戸河内町松原の槙廣旅館に一泊し、翌日、淡雪の残る深入山に登った

ことである。穏やかな笑顔で訥々と話される先生の横顔とともに私の目に焼き付いているのは、すでに六十歳を超えていられたはずの先生の、背筋をすっとのばして一歩一歩土を踏みしめるように登られる後姿、山頂で両手を後で組んではるか遠くをじっとながめていられる孤高とも見える姿である。高校の教師時代は登山部の顧問となり、今でも山が好きでよく登るが、それは、どこかに、先生のように山を歩きたい、山頂で先生のように遠くを見やりたいとの思いがあったからではないかと最近になって思うのである。

不肖の教え子であるが、先生の学恩に少しでも報いるために、これからは、研究や教育の仕事に、日々出会う人に正面からきちんと向き合って対していかなくてはと思う。

(「続『河』」三号―清水文雄先生追悼特集―、『河』の会、平成十年十一月、九六〜九七ページ)

二　野地潤家先生のこと

1　「分かれてのち、心は通う」――心に残ることば――

「私は人間関係に恵まれているんですよ。附属の校長時代も、みなさんがよく助けてくださって、それほど心労ということがなかったんです。」

二七会十一月例会（昭和五十五年十一月三十日）の後、車で先生をお宅までお送りした時、私は、暗闇と、先生と対座していないということに勇気を得て、「こうして日曜日も出られて、ほんとうにお忙しいのに、次々と本を出されておられるのですが、いつ執筆なさるんですか。」と、ずい分不躾なことをお尋ねしたのである。それに対して、先生は静かな口調で具体的にいろいろとお話ししてくださった。これはその時、特に私の心を打ったおことばである。たんたんとおっしゃったおことばではあるが、私は運転をしながら、これは大変なことだということを深く思ったのである。

これまで、二七会ではもちろんのこと、他の研究会での実践報告などで、具体的な貴重なご助言をいただいてきたのであるが、その他でも、私の心に残っている先生のおことばがいくつかある。それらのうちの二、三を記してみようと思う。

〇

大学院二年次の〝演習〟の時のことである。飯田恒作の『児童創作意識の発達と綴り方の新指導』（培風館、大正十五年一月発行）を、十分理解しないままに簡単にプリントをして報告したのであるが、「……以上です。」と発表を終えたところ、先生は何もおっしゃらず、しばらく間があったあと、「それだけですか。」と一言。私は一瞬頭がカーッとなり、頬がほてり、おそらく、うつむいたまま小さくなっていたことであろうと思う。その後も〝演習〟などで発表をする機会は何度もあったのであるが、結局、私は先生のおことばを理解し実践することもせず、不勉強なままで学生時代を終えてしまったのである。

しかし、教師となり、年を重ねるにつれて、あの時の「それだけですか。」という先生のおことばが、なぜか鮮明に浮かび上がってくるようになった。教材研究をしている時とか、授業がなかなかうまくいかない時などに、あの「それだけですか。」ということばが、「いいかげんなことをするな。」ということばとなって、私の弱い心を戒めるのである。

〇

昭和四十二年三月、大学の国語教育研究会の送別会で、先生、研究室の人、学部の後輩の人たちから心あたたまることばがしたためられた色紙をいただいた。私の色紙に、野地先生は、次のように書いてくださった。

授業は創造です。個性を生かして、すばらしい学問を、教室を築きましょう。

その時は、創造とか個性の大切さということが実感としてはわからず、そのことばは頭の隅に追いやられることになった。

その後、大下学園祇園高等学校に赴任し、数ヶ月がたったころ、授業が思うようにいかず、佐本房之先生に相談したところ、「進度などにあまりとらわれず、自分がいちばんいいと思うやり方でやればいい。国語の教師は個性が大切なのだから。」というようなことを言われた。佐本先生も、野地先生からお聞きになったことを、ご自分の実践の中で実感されたのではなかろうかと、今にして思うのである。

また、大村はま先生の「国語教室の実際」に何度かふれる機会を得、その都度、少しでも先生のなさっておられることを自分の実践にとり入れられたらと思うのであるが、そのままでは絶対にまねることのできない創造の深さと、強烈な個性とを感じてしまうのである。常に新しい価値あるものを求めていくところにほんとうの創造、個性は存在するのであり、私の実践の中の創造、個性は非常に甘いのであるが、この年にしてやっと、その大切さは実感としてわかるようにはなったのである。

〇

昭和四十七年の夏休みのある日、十一月の広島県国語教育研究大会に報告する現代詩の授業の指導案がどうしても立たず、先生のお宅にお邪魔した。私の悩みをお聞きになって、先生は次のようなことを言われた。「これまでの詩の授業で、どういう詩を教材とし、どういう方法でやり、生徒はどのような反応を示したかということをまとめてみてはどうですか。」

このことばを耳にした時、すぐに具体的な指導案が浮かんだわけではないが、「ああ、そうか」と、まさに一すじの光明を得た思いがしたのである。

教材研究、理論学習、学習者の実態の考察に加えて、自分のそれまでの授業を確かめ、課題を明らかにするということが、授業構想の視点としてあることを教えられたのである。これは、同じことを、同じあやまちを二度と繰り返さないという点で、まさに、創造性のある授業につながる大切な視点でもあると思うのである。

〇

先述の国語教育研究会の送別会での色紙の表書きに、先生は、「ゆたかな前途へ――別れてのち、心は通う」と書かれた。いいことばだなとその時も思った。

私は、先生の近くにいて、直接、間接にご指導を受ける機会は多く、「別れても」ではないが、「時を経て」「時を経るにつれて」先生のおことばが重いものになってくるのである。（昭和五十六年一月二十六日）

（「松籟」三号―野地潤家先生還暦記念特集号―、二七会、昭和五十六年三月、四三〜四四ページ、及び『野地潤家先生に学びて』、野地潤家先生御退官記念事業会、昭和五十九年八月、二八一〜二八三ページ）

2　研究の足場固めを　――最近のご指導から――

大学に転じてはや二年が過ぎた。高校の国語教師時代実践的研究を念じ、拙いながらも実践を積んできたが、少しでもそれが「研究」につながっていたとしたら、それは、「研究」とは程遠い日々の高校教師生活の中で、月一回の二七会での野地先生の厳しくも優しいご指導があったからである。そのことを今強く感じるのである。

この二年間は読まなくてはならない国語教育書の多さに「我、過ぎし日に何をか為せし」という自責と焦燥にかられることの多い日々であったが、野地先生の存在は高校教師時代とはまた違って、私の中で益々大きく深いものとなっているのである。この二年間、二七会を中心として先生に直接に間接にお教えいただいたことは多いが、特に「研究」にかかわって強く心に残っていることを中心に述べることとする。

1　研究の足場を固めよ

平成七年八月、倉橋島での二七会例会で高校での詩の実践を簡潔に表にして整理し、そこから私なりの「詩の学習指導論」を導き出して報告した。それに対し先生は、すぐに「指導論」にいくのではなくて、一つ一つの実践をもっとていねいに厳しくとらえることの大切さを指摘された。実践のとらえ方が甘く、しかも、それを簡単に「指導論」にまとめようとしている研究の手順、姿勢に、強い危惧の念を抱かれてのご指導であったと考えるのである。実践畑出身の私の拠りどころは、これまでの実践であり、そこをきちんととらえることがこれからの研究の足場になるのであることを厳しくご指導いただいたのである。その後、先生のご助言ご指導のもとに自分の詩の授業実践を『高等学校における詩学習指導の軌跡――詩の学習指導個体史を求めて』として出版でき、さらにそれを授業力形成の観点から、「国語科教師の授業力形成過程に関する一考察――詩学習指導実践史の検討を通して――」(「福岡教育大学紀要」第四六号)にまとめることができた。まだまだ実践の考察は甘いのであるが、先生のこのご助言をしっかりと肝に銘じて実践的研究を進めたいと思う。

2　研究のねらいを明確に、作品(教材)の読みの徹底を

今年の三月例会で「金子みすゞの詩の授業化」を中心に報告した。その内容は、①金子みすゞのブームの根拠、②金子みすゞの詩十六編の詩の受容の実態調査、③金子みすゞの詩の授業化試案などであった。先生からは次の四点についてご指導いただだいた。

一つ目は、ことばの端々に「えーっ」「あのーっ」が入るという話し方についてのご指導であった。自覚的、日常的な訓練を心がけたいと思う。

二つ目は、研究（発表）のねらいがあいまいで、発表の中心がどこにあるのか、ねらいの明確化についてのご指導であった。内容的には緻密な発表となれば、五、六回分の発表に相当するものであり、本発表がいかに内容の薄いものであったかということである。内容を焦点化し、質の高い実践的研究をめざしたい。

三つ目は、十六編の詩教材の選定に際して、金子みすゞの詩をどこまで本気で読み込んだかという教材研究、教材選定に関するご指導であった。私が読んだのは二冊の詩集（詩集抄）だけであった。五一二編の全詩を読み込み、詩作品についてだけでも二、三編の論文が書けるような研究にという研究の方向を示していただいた。

四つ目は、金子みすゞの詩の教材化、授業化の研究対象としての見きわめについてのご指導であった。金子みすゞの詩は教科書にも一斉に採録され、なかばブーム化しており、本発表においてもやや安易に取り上げたところもある。慎重に作品を読み込み、そして、金子みすゞの詩作品の読み取りを通して、どんな国語学力が身につくのか、見きわめていかなくてはならない。

ご指導いただいた四点は、研究（発表）の基礎・基本に関することであり、とりわけ三つ目の作品（教材）の徹底した読み込みは、実践的研究の足場固めに相当するものであり、常に心がけていきたいと思う。

3　実践的研究の内容とその方向の示唆

大学に転じて、教師の授業力形成過程や詩の授業化に関する研究など、実践的な研究をめざそうとしている私にとってありがたいのは、先生が国語科教育のあらゆる分野・領域において、実践的研究の内容とその方向を示してくださっているということである。高校教師時代にも実践を計画する時などにはよく読ませていただいてはいたが、広く研究の立場で国語科教育を考えるとき、先生のお仕事の大きさと深さに改めて圧倒され、今からでももっとしっかり学んでいかなくてはとの思いを強くするのである。

4　研究と教育統合の体現者

大学は研究と教育の場といわれるが、研究に比べ、学生に対する教育の面がやや弱いのではないかと（生意気な見方かも知れないが）思うことがある。これには、大学生を大人としてとらえ、学生の主体性を大切にするという考え方が存在すると思われるが、現実の学生の生活や卒論研究の実態を知ると、学生にもっと指導をと考えたくなるのである。このことは私が教育中心の高校教育現場にいたからでもあろうが、それ以上に、一人一人の学生を大切にされて指導に当たられた大学人としての野地潤家先生のイメージが強くあるからである。研究に徹しておられながらなお学生にもあたたかく接して、細やかに指導してこられた先生の存在はあまりにも大きいのである。大学勤務三年目にしてそのことを強く思うのである。

5　詩の指導は多くの詩に出会わせる中で

昨年六月に溪水社から出版された『国語科教育・授業の探究』（大分県中学校国語教育研究会での講演記録集）の二つの講演の中で詩の研究授業を紹介されておられるが、益田の東中、観音寺中どちらのばあいも、それぞれ「椰子の実」（島崎藤村）、「川のゆくえ」（大木実）の詩をもとに、二十編近い詩を生徒たちに示されて授業を展開されている。多くの詩に出会わせる詩の授業の有効性について、私は直接には、故佐本房之先生に学んだのであるが、その佐本先生は野地潤家先生に……と考えると、詩の学習指導において先生のお考えを受け継いでいるということになり、喜びを禁じ得ないのである。現在は「野地山脈」の西端の裾野にいるのであるが、一歩一歩裾野を登っていきたいものと考えている。

（「松籟」五号—野地潤家先生ご夫妻喜寿並びに金婚式、二七会四十一周年記念特集号—、二七会、平成十一年二月、四三～四四ページ）

Ⅲ　国語教育への思い

一 「読書」が位置づく授業改善を

——中学・高校での読書指導——

本年六月、福岡県の玄海小学校で読書単元の授業（二年生）を参観する機会を得た。最近読んだ本の中で見つけた「ともだち」を、みんなに紹介するという授業であった。紹介する本の中の好きなことばや本の中の友だちの好きな性格、好きな挿絵などを一枚の画用紙に書き（紹介カード）、それをもとに紹介の手引きにしたがって、一人一人がみんなの前で紹介するのである。紹介を聞いている子どもたちは、質問したり特に気にいった本については、用意されたプリント「読んでみたいな」「ともだち見つけた」に書き込んでいくのであるが、子どもたちは楽しそうに、まさに目を輝かせて本を紹介し合っていた。担任の先生の話によると、このような読書指導の中で、子どもたちは地域の公共図書館からも積極的に本を借り出して読むようになったとのことであった。私は子どもたちの読書熱にいたく感動したのであるが、その感動の中でふっと一抹の不安、暗い気持ちを覚えたのである。それは、この子どもたちのこれからの読書生活のこと（予感）が、現在の中学、高校、大学生のそれに思い至ったからである。中学・高校生の読書に関しては、毎年実施されるＳＬＡと毎日新聞との共同の調査により、娯楽的読書傾向や年々進む読書離れの実態が明らかにされているが、大学生の読書の内実についてはそれほど明らかにされていないようであり、そこで、今年六月、上半期の大学生の読書生活について、私の講義に関係する学生を対象に調査した。結果として、①娯楽的読書傾向、②読書量の少なさ、③読書内容に関するマスコミの影響の強さ、④友だち等との読書交流の少なさ、⑤読書の契機は、「店頭」が最も多く、「先生」は少ないこと、⑥本を読まない理由としては、「時間がない」が最も多いこと、⑦自己の読書量の少なさ、読書内容の偏りを自覚し、もっと読まなくてはとの思いは多くの学生が持っていること、などの実態がうかがえた。

この読書生活の傾向は、読む本の内容は違うが、中学、高校生にも共通する点が多いと考えられる。

1　読書指導に対する意識改革を

中学や高校の国語の授業における読書指導は、一単元（教材）の学習指導の最後に行う読書案内、課題解決学習指導や読書感想文指導などにおいてなされているが、これらの指導には、どこまで読書指導意識が内在しているであろうか。読み深めのためとか、漠然とした課題解決的な指導、作文指導としての読書感想文指導というようにはなっていないだろうか。読書指導の究極の目標は、自分の力で読むことを楽しむ自立した読者を育成することである。換言すれば、読書の日常化、生活化をめざすことである。情報化社会のますますの進展や横断的総合的な学習指導の重要性が増すであろう今日的状況を考えると、基本的な読書力（読書技能）や情報活用能力の育成を念頭に置いた読書指導に対する意識改革が必要ではないかと考える。

2 「読書」が位置づく授業改善を

本の紹介や調べ読みを課すような読書指導はもちろん大切であるが、自立した読者の育成をめざす読書指導に関して、さらに次の三点を提言したい。

1 年間指導計画の中に読書指導の明確な位置づけを

中学、高校の国語教科書には、小学校の教科書のような読書単元、読書教材は配されていない。したがって読解や鑑賞と関連させた読書指導となるが、どの単元のどの学習活動の中でどういう読書力をつけるか、年間指導計画の中に読書指導を明確に位置づけなくてはならない。ただ、読解力や鑑賞力は多くの作品（文章）を読む中で定着していくものであり、読書指導を位置づけた単元構成はそのような観点から考えるべきであろう。

2 情報活用能力の育成を中核とした読書指導を

大村はま氏は、昭和五十年十月三十日の国語科実践研究発表会で、「新しい読書指導の必要性」として、それまでの読書指導に加えて、次のような情報化社会に対応する読書力ともとれる考え方を示されている。

○目的により、「このことは、本によって……」と本を使うことに気づく。
○どんな本があるかを知る。（まだ出ていない本までも）。

○その本がどこにあるか、どうしたら手にできるかを知る。
○本を選ぶ。
○さらにほしい本、望みの本が生まれてくるようにする。

これは「ほんとうに、本を生きていくための必需品として使いこなしていく力」(『読書生活指導の実際』、共文社、昭和五十二年十一月発行、一二八ページ)である。いわば今日言うところの情報読書、情報活用能力のことである。情報化社会がますます進展し、情報が氾濫する中で、必要な情報を選び取り、整理し、再構成して自ら情報を産出する力の育成をめざさなくてはならない。国語科における課題解決学習もこうした視点から意図的計画的に仕組まれなくてはならない。

3　学校図書館とのより密な連携を

国語科と学校図書館との連携は、図書購入、読書感想文指導、調べ読み(課題解決学習)などにおいてなされるのが一般であるが、もっと授業内容(授業の進度)と関連させた連携が図られるべきであろう。例えば、月別推薦図書コーナーの設置である。これは国語科で年間の授業進度を見通して「学年別月別の推薦図書一覧」――例えば、中学一年、六月、「少年の日の思い出」(ヘッセ)では、「あすなろ物語」「しろばんば」(井上靖)、「少年H」(妹尾河童)など――を作成し、これらの本を図書館の月別推薦図書コーナーに並べるのである。これは、授業内容の深化拡充とともに、何を読めばいいかわからないという生徒にとっては読書の手がかりともなるであろう。

(「月刊国語教育研究」、日本国語教育学会編、平成九年十二月)

二　言語活動、基礎・基本の位置づけを明確に

はじめに

この度の改訂「現代文」（以下、新「現代文」とする。）は、前回の改訂（平成元年告示、現行の「現代文」）に比べどのような特質があるのであろうか。そのことを明らかにするために、「現代文」科目そのものの性格（特に科目編成上の位置）を明確にして新「現代文」の内容上の特質について考察し、その上に立って実践上の課題を明らかにしたい。

1　高等学校国語科科目編成上の位置

(一)「現代国語」から「現代文」へ

現代文の読解指導が重視され、初めて設けられた現代文指導単独の科目は、昭和三十五（一九六〇）年告示の

学習指導要領における「現代国語」である（それ以前は「国語甲」〈必修総合科目〉、「国語乙」〈選択総合科目〉）。「現代国語」は標準7単位（一年3単位、二年2単位、三年2単位）の必修科目で、古典に関する科目（昭和三十五年版では「古典甲」「古典乙Ⅰ」「古典乙Ⅱ」）と並行して履修することとなっており、次の昭和四十五年改訂で古典科目が「古典Ⅰ甲」「古典Ⅰ乙」「古典Ⅱ」になった以外は科目編成上の変化はみられない。

ところが、昭和五十三年の改訂では、「言語の教育としての立場」を一層明確にし総合的・関連的な学習指導の重視、表現力育成の重視という改訂の基本的考え方のもとに、総合科目としての「国語Ⅰ」・「国語Ⅱ」が新設され、現代文指導の単独科目は選択科目「現代文」として位置づけられた。

(二) 「国語Ⅰ」（「国語総合」）から「現代文」へ

昭和五十三年改訂の「高等学校学習指導要領解説国語編」（文部省、昭和五十四年五月）によると、「現代文」は『古典』とともに、『国語Ⅰ』の内容のうち主として理解領域について深化発展させる選択科目」であり、「近代以降の優れた論理的な文章や文学的な文章について、ある程度まとまったものを主として取り上げる」科目であるとしている。つまり、「現代文」は、総合国語から分化し、その内容を深化発展させる選択科目であり、履修する学年は示されていないが、必修科目の「国語Ⅰ」を履修後の二、三年生で選択する科目として位置づけられており、したがって、生徒の能力、適性や興味・関心に応じた指導を一層充実させることが期待されている科目ととらえることができる。

2　新「現代文」の内容上の特質

先述したように、「現代文」が「高等学校国語」の科目として新設（明示）されたのは、昭和五十三年版の学習指導要領においてであるが、平成元年版、平成十一年版において「現代文」以外の科目、例えば「国語Ⅱ」は必修科目からはずれたり、「古典」は「古典Ⅰ」と「古典Ⅱ」に分化したり、「古典講読」が加わったり、再び「古典」に統合されたりと、科目編成上の変化がみられるが、「現代文」は標準単位が3から4になったくらいで科目編成上の大きな変化はない。しかし、科目の「目標」「内容」「内容の取扱い」は改訂の基本理念にそってやや変容している。新「現代文」の特質（重視されている点）を、「目標」「内容」「内容の取扱い」について、昭和五十三年版、平成元年版と比較し整理すると次のようになろう。

1　主体的な表現力の育成

新「現代文」の「目標」は次のように示されていて、平成元年版の目標とほぼ同じである。

> 近代以降の様々な文章を読む能力を高めるとともに、ものの見方、感じ方、考え方を深め、進んで表現し読書することによって人生を豊かにする態度を育てる。

この目標は、①「近代以降の様々な文章を読む」能力を高めることを中心（基本）目標とし、②ものの見方、感じ方、考え方を深め、③人生を豊かにする態度を育てるの三つからなっているが、③の目標達成のための具体的方法としての「進んで表現し」という文言は平成元年の改訂で加えられたもので、主体的な表現力の育成が重視されていることがうかがえる。

2　主体的な読み手の育成

論理的な文章と文学的文章の読みに関して、昭和五十三年版・平成元年版では、次のように述べられている（傍線は引用者）。

ア　論理的な文章について、主要な論点と従属的な論点との関係を考え、論理の展開や要旨を的確にとらえること。
イ　文学的な文章について、主題、構成、叙述などを確かめ、人物、情景、心情などを的確にとらえること。

ところが、新「現代文」ではこの部分は、次のようになっている。

ア　論理的な文章について、論理の展開や要旨を的確にとらえること。
イ　文学的な文章について、人物、情景、心情などを的確にとらえ、表現を味わうこと。

両者を比べてみると、新「現代文」では、論理的な文章の読みについては、「主要な論点と従属的な論点との関係を考え」という文言が消え、文学的な文章については、「主題、構成、叙述などを確かめ」が消え、「表現を味わうこと」が加わっている。

これは単に同じ内容のものを簡潔に表現したということではなく、「教育課程審議会答申中間まとめ」（平成九年十一月十七日発表）で示された、次のような「国語」の「改善の内容」を踏まえていると考えられる。

> 従来、文学的な文章の詳細な読解に偏りがちであった指導の在り方を改め、自分の考えをもち、論理的に意見を述べる力、目的や場面などに応じて適切に表現する能力、目的に応じて的確に読み取る能力や読書に親しむ態度を育成する指導を充実させ、……

すなわち、「詳細な読解」に深入りしないで「自分の考えをもち、論理的に意見を述べる力」など主体的な読みの重視がうかがえる。これはまた、発展的科目としての「現代文」の位置づけも考慮されていると考えられる。

3　情報操作能力の育成

昭和五十三年の改訂では、「内容」の最後の項目「カ」で「目的や内容に応じた様々な読み方を通して、文章の読解、鑑賞を深めること」として、新設科目「現代文」の指導の中心目標が「文章の読解、鑑賞を深めること」であると明確に示され、平成元年の改訂の項目「カ」では「文章や作品を読んで要約したり、感想をまとめたり、自分の考えを筋道を立てて話したり書いたりすること」として、新しく理解と表現の関連指導、表現力の育成が「現代文」の重要な指導内容として明示されている。

これらに対して、新「現代文」では、「目的や課題に応じて様々な情報を収集し活用して、進んで表現すること」として、情報操作能力、表現力育成の重視が新たに示されている。

それぞれの時期の課題を受けて指導内容が示されており、新「現代文」でも、情報化社会への対応として、調べ学習や問題解決的な学習などを通して、情報収集→選択→活用（整理→表現）という情報操作能力を育成することが重要な指導内容として明示されているのである。

4　多様で効果的な言語活動

この度の学習指導要領の改訂の特色の一つとして、指導内容が例示されているという点があげられる。新「現代文」の「3　内容の取扱い」では、「話すこと・聞くこと及び書くことの言語活動を効果的に取り入れるようにする」として、次のような言語活動が例示されている。

ア　論理的な文章を読んで、書き手の考えやその展開の仕方などについて意見を書くこと。
イ　文学的な文章を読んで、人物の生き方やその表現の仕方などについて話し合うこと。
ウ　文章の理解を深め、興味・関心を広げるために、関連する文章を読んだり創作的な活動を行ったりすること。
エ　自分で設定した課題を探究し、その成果を発表したり報告書にまとめたりすること。

ここには、「書く」、「話し合う」、関連する文章を「読む」、「創作的な活動を行う」、「発表する」、「報告書にまとめる」など、多様な言語活動が、それぞれ内容や目的に応じて効果的な例として示されている。

5 実用的な文章の教材化

教材に関しては、「内容の取扱い」で、次のように示されている（傍線は引用者）。

> 教材は、近代以降の様々な種類の文章とする。その際、現代の社会生活で必要となる実用的な文章も取り上げるようにする。なお、翻訳の文章や近代以降の文語文も含めることができる。

傍線部の文言がこの度の改訂で新たに加えられているのであるが、ここからは、教材に興味・関心を持ち、授業に意欲的に取り組ませるとともに、社会生活に生かすことのできる国語の力の育成を重視する考え方がうかがえる。

3 新「現代文」実践上の課題

一昨年の十月、福岡県の県立高等学校国語教師全員（六七六名）を対象に「高等学校国語科教育実践上の課題」に関するアンケート調査を実施した。それによると、最もやりにくい（指導が最もできていないと自覚している）授業内容は、「韻文」に次いでは、「音声言語」と「作文」という「表現」領域の指導に関してであった。その理由としては、「指導法のあいまいさ」、「評価の難しさ」、「取立て指導の経験の少なさ」（特に音声言語のばあい）などがあげられている。また、学習指導方法に関しては、「学習意欲の喚起」（生徒主体の学習指導法）が圧倒的に多く、次いで「学力不振者への対応」「表現力を高める授業づくり」などが多くあげられていた（「教育学研究紀要」第四四巻〈中国四国教育学会編、平成十一年三月発行〉に一部報告）。

新「現代文」の特質（重視されている点）である「主体的な表現力」、「主体的な読み手」、「情報操作能力」の育成、多様で効果的な言語活動の積極的導入、生徒の実態を踏まえた教材化などは、今後さらに進展するはずの国際化や情報化、高齢化など変化する社会を見通した上での「現代文」指導上の重点課題でもある。この課題を解決していくためには、生徒主体の探究的な学習や「表現」に結実していくような学習指導が図られなくてはならないが、先述のアンケート調査の結果と照らし合わせると、これらは新「現代文」指導においても実践上の大きな課題であるといえよう。

これらの課題を念頭において、新「現代文」の授業の実践をする際には、さらに、次のような点に留意しなくてはならないと考える。

1　言語活動の意義・位置づけを明確に

「現代文」指導の中心目標は現代文の「読み」を深め広げることであり、そのためには多様な言語活動を積極的に導入しなくてはならない。この度の改訂でもその点が最も重視され、指導内容まで例示されている。ただ、言語活動を積極的に取り入れていけばどの授業も内容が深まりことばの力が身につくというものでもないであろう。その言語活動が何を明らかにするためのものなのか、また、授業のねらいに照らしてその言語活動が最も適切なものなのかどうか、授業の分節、分節においても指導者は言語活動の意義・位置づけを明確にしておかなくてはならないと考える。

2 「基礎・基本」の位置づけを明確に

先述したように、新「現代文」の「内容」として、従来のものから「主要な論点と従属的な論点との関係を考えて」や「主題、構成、叙述などを確かめ」とか「文章や作品の読解、鑑賞を通して」など、読み方指導に関する基本的な内容の記述が消え、多様な言語活動を効果的に取り入れることの重要性が強調されている。このような記述が消えているということは、そのことを考慮しなくてもいいとか、軽く扱ってもいいということではないであろう。文章の読み方のポイント、話し合いや発表の仕方など、繰り返し指導しなくてはならない基礎的基本的なことは、「現代文」が発展的科目とはいえ、生徒の実態に応じて授業の展開の中にきちんと位置づけて指導しなくてはならないと考える。そうしないと「活動あって学習なし」ということになって、ほんとうに生きてはたらくことばの力を育てることにならないからである。

3 科目の性格を生かした授業構築を

現行の「現代文」教科書の単元構成は、「随想」「小説」「評論」などの単元でくくられたジャンル単元だけのものと、「自然と人間」「日常を見る目」「歴史からの発見」などの主題でくくられたいわゆる主題単元とジャンル単元とが混在しているものが多い。新「現代文」は、「国語総合」の内容のうち主として理解領域の部分を深化発展させる選択科目である。基礎・基本の指導や言語活動の位置づけを明確にするなどの配慮のもとに、新「現代文」の性格をしっかり認識して、生徒の興味・関心、能力、適性に応じ、「調べる」「話し合う」「報告書の作成」「発表」など、多様で適切な言語活動を取り入れた探究的な学習——例えば、主題単元学習や課題選択学習など——がもっと図られるべきだと考える。

(「月刊国語教育」、東京法令出版、平成十一年七月)

三　「生きる力」を育てる豊かな言語活動の創出を

「生きる力」を育成することがこれからの学校教育がめざす基本にして究極的な方向であるとして、各教科領域等においていろいろな試みがなされているが、国語科教育で育てる「生きる力」とは、「生きてはたらくことばの力」であり、やや具体的に述べるとすると「問題解決に資する言語能力」、「対話や討論など協同的生活に資する言語能力」、「豊かな人間性を育む言語能力」ということになろう。これらの言語能力は具体的で適切な言語活動を通して身についていくものである。新学習指導要領においても、「内容の取扱い」の項で、「話すこと・聞くこと」「書くこと」「読むこと」の指導は、「例えば次のような言語活動を通して行うこと。」として、「対話や討論を行うこと。」「報告や意見発表などのために簡潔でわかりやすい文章や資料などを作成すること。」「様々な文章を比較して読んだり、調べるために読んだりすること。」（中学校のばあいの一例）のように具体的な言語活動例が新たに示されている。

このような「生きてはたらくことばの力」を育てる豊かな言語活動は、「読み」の指導のばあい、次のような授業の構築をめざす中で創出されるものと考える。

1　主体的な読み手を育てる授業の創造

今日、特に中・高等学校では、教師が作成した課題（ワークシート）などにそって進められる教師主導の授業がなお主流のようであるが、子どもたちが意欲をもって進んで取り組めるような授業、例えば、学習者の感想や疑問点、「話し合ってみたい」とすること（課題）を大切にし、それらから導きだされた課題をもとに話し合い、聞き合い、さらには調べまとめて発表するなど、また、一教材にとどまらず、さがし読み、比べ読みにより自分の読みを広げ深めさせるなどのような、学習者の読みを中心にすえた主体的な読み手を育てる授業が構築されなくてはと考える。そのような授業の中で生きてはたらくことばの力は育まれていくものと考える。

2　「表現」に結実する授業の創造

読みの指導過程の中で、自分の読みを確かめ深めさせるために、感想・意見を書かせたり、話し合いをさせたりする表現活動はよく行われるが、全体的に読み取ったことをさらに発展的に表現活動に生かしていく授業づくりがもっとなされなくてはと考える。例えば、数編の詩の学習のあとに好きな詩を一編選んで朗読の工夫（練習）をさせて朗読発表会をするとか、「扇の的」（平家物語）の内容をとらえたあと、いくつかの場面にわけ、それぞれの場面にふさわしい群読シナリオをグループごとに作成し群読発表会を実施するとか、「こころ」（夏目漱石）の学習の最後に、「Kの自殺の理由」についてディベートを実施するというような授業である。このような「表現」をめざす授業は必然的に学習者の主体的な言語活動を促し、読み合う、話し合う、聞き合うなどの言語活動を通して生きてはたらく言語の力が育まれていくものと考える。

3 「読書」の位置づく授業の創造

福岡県の玄海小学校で読書単元の授業（二年生）を参観する機会を得た。それは「スイミー」の学習のあと、最近読んだ本の中で見つけた「ともだち」をみんなに紹介するという授業であった。紹介する本の中の好きなことばや本の中の「ともだち」の好きな性格、好きな挿話などを一枚の画用紙に書き（紹介カード）、それをもとに紹介の手引きにしたがって、一人一人がみんなの前で紹介するのである。紹介を聞いている子どもたちは、質問したり特に気に入った本についてはプリント「読んでみたいな」「ともだち見つけた」に書き込んでいくのであるが、子どもたちは楽しそうに、まさに目を輝かせて本を紹介し合っていた。担任の先生の話によると、子どもたちは学校図書館だけでなく地域の公共図書館からも積極的に本を借り出して読むようになったとのことであった。

児童生徒の読書離れ、娯楽的軽読書傾向、読書好きと不読者の二極分化という児童生徒の読書生活実態が指摘されて久しいが、読書は思考を深め広げ、感性・想像力を育み、まさに「豊かな人間性」を育成するための大切な教育的営みである。また、進展する情報化社会に対応する読書力、情報活用能力の育成の観点からも「読書」の位置づく授業づくりをめざさなくてはならない。そして「読書」の位置づく授業は、「読み合う」、「聞き合う」、「紹介し合う」、ブックトーク、比べ読み、調べ読みなどの多様な言語活動を通してなされるのであり、「読書」そのものとともにそのような言語活動を通しても「生きる力」は育てられていくものと考える。

国語科の授業における言語活動は、いうまでもないことであるが、それが何を明らかにし、どういうことばの力をつけるものであるのかが明確でなくてはならない。

（「月刊国語教育研究」、日本国語教育学会編、平成十一年十月）

四　学習者の現実認識をゆさぶる詩教材を

1　詩学習指導の現況　――アンケート調査から――

平成九年十月に、福岡県の県立高校の国語教師全員を対象に、「高等学校国語科教育実践上の課題」についてアンケート調査を実施した（注1）。調査結果は教職経験年数ごと四期（Ⅰ期…一年～五年、Ⅱ期…六年～十年、Ⅲ期…十一年～二十年、Ⅳ期…二十一年～）に分けて整理したが、調査項目1の「最もやりにくい授業」としては、「韻文」（特に詩）をあげたものがどの期においても最も多く、全体では三〇パーセントに及んだ。（ついで多かったのは「音声言語」〈一六パーセント〉、「作文」〈一二パーセント〉、「古典文法」〈一〇パーセント〉の順であった。）理由としては、次の二点が多くあげられていた。

ア　「読解中心で、詩のよさや面白さを教えることができない」「何をどこまで教えるのかわからない」など、詩の指導法のあいまいさ。

イ　「解釈が多様で、背景の理解が難しい」「感性に訴えるものであり、わかる人にしかわからない」とする詩の難解性。

このような詩の指導法のあいまいさ、詩の難解性、さらには入試の出題が少ないということなどから、詩の学習指導は、説明文や小説の学習指導に比べその扱いが軽く、同じ韻文教材の短歌・俳句に比べてもその扱いは少なく、年間指導計画に「時間があれば……」程度にしか位置づけられないところもあるようである。

詩学習指導のねらいは、①豊かな想像力や感性、②新しいものの見方・考え方（現実認識力）、③豊かで的確な表現力を育成することにある。今日の中学生、高校生について「想像力が貧困である。」とか、「考え方が一面的ですぐキレる。」、「表現が画一的である。」などとよく言われるが、これらはまさに詩の学習指導においても克服していかなくてはならない課題である。「指導法がよくわからない」、「詩は難解だ」、「生徒との感覚にズレがあって指導が難しい」、「入試にあまり出題されない」などの理由で、詩の学習指導を遠ざけるようなことがあってはならないと思う。今日の学校教育、国語教育がかかえる課題の観点から、詩の学習指導は見直していかなくてはならないのではないかと考えるのである。本特集のテーマは「国語科が求める詩教材」であるが、まず、現行の高校「国語Ⅰ」の教科書の詩教材採録状況を手がかりにして詩の教材化の方向について考察し、さらに、詩の教材化をめざした指導法についても言及したい。

2　「国語Ⅰ」の詩教材採録状況

平成十年度版「国語Ⅰ」の教科書十二社二十六冊における詩教材の採録状況は、紙幅の関係で簡潔に示すと、次の通りである。

A　詩別採録状況

・甃のうへ（三好達治）	6冊
・二十億光年の孤独（谷川俊太郎）	6冊
・乳母車（三好達治）	4冊
・小景異情（室生犀星）	3冊
・道程（高村光太郎）	3冊
・ぼろぼろな駝鳥（高村光太郎）	3冊
・木（田村隆一）	3冊
・レモン哀歌（高村光太郎）	2冊
・一つのメルヘン（中原中也）	2冊
・歌（中野重治）	2冊
・日　日（谷川俊太郎）	2冊
・ネロ（谷川俊太郎）	2冊
・わたしが一番きれいだったとき（茨木のり子）	2冊
・私のカメラ（茨木のり子）	2冊
・六月（茨木のり子）	2冊

・I was born（吉野弘）　2冊
・喪失ではなく（吉原幸子）　2冊

B　詩人別詩の採録状況

※（　）内は述べ採録数

・高村光太郎　8編（13）
・吉原幸子　7編（8）
・谷川俊太郎　6編（13）
・三好達治　4編（12）
・室生犀星　4編（6）
・茨木のり子　4編（7）
・中原中也　3編（4）
・草野心平　3編（3）
・石垣りん　3編（3）
・萩原朔太郎　2編（2）
・吉野　弘　2編（3）
・川崎　洋　2編（2）

この表からは、次のような傾向の詩が採録されていることがわかる。
①ことばの芸術としての詩語の美しさやリズム、ことばのひびきあいの美しさを味わわせるような情的（感性的）認識の詩、例えば、三好達治や室生犀星、中原中也などの詩
②若者の生き方に直接語りかけてくるような詩、例えば、「道程」や「木」など
③現代（人）の孤独や不安、非人間性を、比喩的、擬人的手法でとらえた知的（理性的）認識の詩
美的感受性や豊かで美しい日本語の担い手を育てることが詩学習指導の大切な目標であり、三好達治や室生犀星、中原中也の詩を教材化することに異論はないが、中学生や高校生が抱いている不安や孤独やいらだちに目を向けさせるような③の傾向の現代詩がもっと教材化されてもいいのではないかと考えるのである。

3　詩教材化の方向

(一)　現代詩の難解性について

詩とりわけ「現代詩」は難解だといわれるが、ほんとうにそうであろうか。私が教科書の「現代詩」単元の授業にかかわったのは昭和四十年後半からであるが、私自身の現代詩の実践（注2）をもとに、現代詩の難解性について考えてみたい。

昭和四十年代から五十年代にかけて「現代詩」として国語の教科書に登場した西脇順三郎の「ギリシャ的抒情

詩」（「天気」「雨」「太陽」）や、金子光晴の「湖水」「しゃぼん玉の歌」は、島崎藤村や三好達治、高村光太郎、中原中也などの詩人の詩に親しんできた私にとっては難解であった。何を読み取りどのように指導すればよいのかとまどい、生徒の反応を知りたくて、これらの詩を音読し感想を書かせた。ところが、私の予想に反して生徒たちは実に生き生きとそれぞれの詩をイメージ化し、例えば、西脇順三郎の詩の特徴については、次のように述べていた。

・抽象的な表現で漠然とした何かを感じさせる。
・ことばの重要性を感じる。これ以上ことばを添えたらイメージが異なってくるのではないかと思えるくらい。
・型もリズムもまったく自由。したがって、それだけで人の心にうったえるのはむつかしいと思う。ただ、新しい美しさ、新鮮さを感じる。
・なまの感情をそのまま取り入れないで、冷静にことばを組み合わせて情緒をうたっている。

現代詩が難解だと思うのは、現代詩を藤村や光太郎や達治らの詩を読解鑑賞する目で読むからであり、生徒たちの柔軟でみずみずしい感性は、現代詩の世界を、教師が想像する以上に豊かに的確にとらえることができるのだということを実感した。そして、発展学習として、現代詩特有の「乾いた叙情」「批評精神」「思考のリズム」「発想法のおもしろさ」（注3）のうかがえる、次のような詩人の詩二十四編を教材化して授業を進めた。

○西脇順三郎……「カプリの牧人」「眼」「旅人」「『旅人かえらず』より」
○金子光晴……「くらげの唄」「冨士」「森の若葉」
○北川冬彦……「街裏」「花の中の花」「秋」「ラッシュ・アワア」「戦争」

○北園克衛……「夏の夜」「秋」「十月のノクタアン」
○春山行夫……「ALBUM」
○吉田一穂……「帆船」
○中野重治……「あかるい娘ら」「機関車」「夜明け前のさよなら」
○村野四郎……「秋の日」「さんたんたる鮟鱇」「塀のむこう」「空地の群落」

この発展学習は、次のように展開した。

①二十四編の詩の朗読
②詩人ごとのグループをつくり、その詩人の詩を鑑賞（「どんなイメージ、気持ちを表現した詩か。」「特に印象的な表現は?」「詩風は?」などに着目させる。）
③プリントにまとめ発表
④印象に残った詩一編を選び、鑑賞文を書く
⑤鑑賞した詩のうちから一編選び、「自分だったらそのような素材、イメージ、気持ちはこのような詩にする」として、詩を書く（家庭学習）
⑥クラス全員の詩をプリントにして後日読み合う

難解とされる現代詩の学習に生徒たちはいつもの授業よりも主体的に楽しそうに取り組んだ。詩語の豊かさ重さに気づかせるために最後に書かせた詩も、イメージ豊かな発想のおもしろいものが多くあった。

現代詩は難解だとして敬遠するのではなく、現代を、学習者の現実を、鋭くイメージ豊かに表現した詩を中心

に教材化し、学習者が主体的に取り組める指導法の工夫をすれば、想像力や認識力、表現力を育てる豊かな詩の授業を展開させることができると考えるのである。

(二) 学習者の現実認識をゆさぶる詩教材を

豊かな詩の授業を成立させるためには指導法とともに教材が大きな条件となる。詩教材に限ったことではないが、教材は学習者の興味・関心、生活実感にそったものでなくてはならない。生徒の想像力や認識力、表現力を育てるために「現代を、学習者の現実を、鋭くイメージ豊かに表現した詩を中心に教材化し」と述べたが、具体的に谷川俊太郎の「二十億光年の孤独」を取り上げて、詩教材のあり様について述べることとする。

人類は小さな球の上で/眠り起きそして働き/ときどき火星に仲間を欲しがったりする
火星人は小さな球の上で/何をしてるか　僕は知らない/(或はネリリし　キルルし　ハララしているか)
しかしときどき地球に仲間を欲しがったりする/それはまったくたしかなことだ
万有引力とは/ひき合う孤独の力である
宇宙はひずんでいる/それ故みんなはもとめ合う
宇宙はどんどん膨んでゆく/それ故みんなは不安である
二十億光年の孤独に/僕は思わずくしゃみをした　　(谷川俊太郎「二十億光年の孤独」)

この詩は、「孤独」という人間存在(の本質)を、広大な宇宙と対峙させて知的にとらえているところに新しさがある。科学の進歩により、「宇宙はどんどん膨んでゆく」が、それに反比例するように人間の孤独は果てしなく深まっていく。人間存在の本質である「孤独」というテーマは、重く深刻なものであるが、この詩は、「小さな球の上」に生きる人類と火星人が求め合っているという、ありえない（いや、将来ありうるかもしれない）ことや、「思わずくしゃみをした」という、一見ユーモラスとも思える詩語の中に「孤独故に求め合う人間」「果てしなく深い孤独の中にいる人間」がうたわれていることに、はっと気づかされる。

中・高校生は、「人間とは……」「自分とは……」という永遠の課題に向き合いはじめる時期である。生徒たちは、こんな詩を読むと、「なるほど、人間はこんな存在なのだ」「こんなとらえ方、考え方があるのだ」と、これまでの自分の認識がゆさぶられ、人間存在への新しい見方、考え方を獲得していくことになると考えるのである。

このような知的でイメージ豊かなユーモラスにも思える詩語の中に真実を表現している詩としては他に、一社の教科書に採られているだけであるが、石垣りんの「シジミ」がある。

夜中に目をさました。／ゆうべ買ったシジミたちが／台所のすみで／口をあけて生きていた。
「夜が明けたら／ドレモコレモ／ミンナ　クッテヤル」
鬼ババの笑いを／私は笑った。／それから先は／うっすら口をあけて／寝るよりほかに私の夜はなかった。

（石垣りん「シジミ」）

これは「にやっ」とした後、「ぞっ」とするようなブラックユーモアの詩である。この詩は、生きるということは、他の生きものの命を食うことという、日常は思いもしない生きものの宿命（現実）に目を向けさせ、人間存在への認識を広げ深めてくれる。

なお、「現実認識」というときの「現実」は、人間存在そのものや人間の生き方にかかわるものだけでなく、自然や社会事象のとらえ方も含めたものとして考えたい。北川冬彦は「秋」を、次のようにとらえている。

壁に沿うて黄葉が一つひらひらと落ちたが――見ると白い螺旋がずうとついている。

黄葉が落ちていく残像をイメージすることにより、秋の印象を巧みにとらえている。このような詩を読むことにより、これまで抱いていた秋（現実）のとらえかたが深まり広がっていくと考えられる。

㈢　詩との豊かな出会いの場を

学習者の現実認識をゆさぶり、人間や自然、社会の見方、とらえ方を深め広げてくれるような、知的でイメージ豊かな詩をもっと教材化すべきだと述べたが、このような詩を授業の中で教師が一方的に与えるのではなくて、自然なかたちで生徒たちに出会わせたいものである。大村はま氏は、詩の授業に入るずっと前から、そのときの季節感を表現するものや学習する詩に近い内容のものを、掲示板や教室の壁面に貼ったりして、多くの詩に自然に出会わせる「準備」をしている（注4）。詩の教材化を考えるばあい、このように、詩との出会いの場についても考えたいものである。

注1　「教育学研究紀要」第四四巻（中国四国教育学会編、平成十一年三月発行）
2　拙著『高等学校における詩学習指導の軌跡――詩の学習指導個体史を求めて――』（溪水社、平成八年三月発行）
3　『現代詩入門』（小野十三郎、創元社、昭和四十一年三月発行）
4　「詩の味わい方」（『大村はま国語教室4』、大村はま、筑摩書房、昭和五十八年二月発行）

○私の心に残っている国語の授業は、小学校四年生の時の「カブトガニを守る」の説明文の授業です。この授業ではただ要点を考えるというだけではなく、各班で要点を考えた後、どの班が一番よいのかを吟味し合いました。時には対立することもありましたが、先生は助言するだけで、自分たちが納得するまで見守ってくれていたことをおぼえています。

これは今年度前期の「国語科教育研究」の講義の最初に「私の国語学習史――心に残る国語の授業」について書かせたものの一部である。このような、学習者を中心にすえて考えさせる授業とか、おもしろい話をして本格的授業に入るとか、興味深い本を紹介された授業、役割読みで朗読しいろいろな発見のあった授業など、感動、発見のある楽しい授業を多くの受講者が取り上げていた。このような多様な言語活動を取り入れた「心に残る授業」を積み重ねることによって国語好きの学習者が育っていくものと考える。

五　感動、発見のある授業の構築を

1　感動、発見のある授業とは

感動、発見のある国語好きにする授業の条件としては、①教材が、学習者の興味・関心、学力や発達段階等を考慮した優れたものであること、②学習方法は、学習者が意欲を持って主体的に取り組めるものであること、③授業（単元）の構造が、「表現」、「読書」に結実していくようなものであることなどが考えられよう。小学校四年生を対象とした『のはらうた』（工藤直子）の詩の授業を例として、①～③について、感動、発見のある授業の展開を簡潔に述べることとする。

①詩集『のはらうた』の中から、「おがわのマーチ　ぐるーぷ（めだか）」、「おれは（かまきり）（かまきり りゅうじ」、「さんぽ　（ありんこ）たくじ」という（　）内の動物名を空白にした三編の詩をプリントで紹介し、繰り返し音読する。これらの詩は、「ツン　タタ　ツン　タ」や、「わくわく」とか「どんどん」などの擬態語を巧みに用いて、「めだか」や「かまきり」「ありんこ」の姿がリズムよく生き生きと描かれていて四年生の児童にとってイメージ豊かに楽しく音読できる詩である。

②（　）に「だれ」が入るかを話し合い、それぞれが最もおもしろいと思った詩を選び、選んだもので四、五人のグループをつくる。そして「めだかの行進のようすがよくわかるように、読み方を工夫して楽しく音読しよう」（「おがわのマーチ」のばあい）というめあての達成をめざして、音読台本を作成する（事前に「音読台本作成の手引き」、「音読台本モデル」を示し説明）。「話し合う」、「選ぶ」、「調べる」などの主体的な学習活動の中で、音読する際の「間」の取り方や強弱、速さ、コーラス、エコーなどを考えることを通して、詩を豊かにイメージ化することができるようになる。

③グループごとに音読台本をもとに動作化なども取り入れて音読練習をし、音読発表会をする。さらに、工藤直子の他の詩や他の詩人の動植物の楽しい詩を調べ紹介し合う。

このように、「表現」や「読書」に結実する授業を構築すれば学習者は主体的な読み手となり、感動や発見のある学習となるであろう。

2　感動、発見を生み出す授業力とは

野地潤家氏は、『国語教材の探究』（共文社、昭和六十年十二月発行、四九ページ）で、国語科授業力は、「授業を準備し構想していく力（国語科授業構想力）、授業を実施し展開していく力（国語科授業実践力）、授業を評価していく力（国語科授業評価力）」から成り、「国語科授業実践力」の中核を形づくっているものとして、「国語学力把握力・国語学習深化力・国語教材把握力」の三つをあげておられる。これらの国語科授業力を、感動や発見を生み出し国語好きにさせる授業づくりの観点から考察すると、国語学力把握力、国語科授業構想力と国語教材把握力が特に重要となると考える。

1　国語学力把握力

国語学力把握力は、学習者個々の興味関心、学力（発達段階の特性）、学習特性などの実態・実質を見抜き国語学力をとらえる力である。この国語学力把握が授業構想、授業実践、授業評価の基底に確かに位置づくとき、授業は学習者の実態に密着したものとなり、学習者が生かされて感動、発見のある授業となる。学習者を国語好きにする授業づくりにとって国語学力把握力は最も重要な授業力と言えよう。また、国語好きにする授業づくりの

基底に位置づく国語学力把握は個々の学習者の個人差をとらえることでもあり、学習者のあらゆる学習生活場面をとらえる、たゆみない学習者研究の中で獲得される授業力である。

2　国語科授業構想力

授業構想力とは、目標を設定する力と目標達成のためにより効果的な授業展開を構想する力である。学習者が集中して取り組むわかりやすい楽しい授業にするためには、「おがわのマーチ」の「めだかの行進のようすがよくわかるように、読み方を工夫して楽しく音読しよう」のように、目標（めあて）と学習内容が学習者にとって具体的で焦点化された見通しの持てる明確なものでなくてはならない。そしてそのめあてを達成するための授業展開が、①学習者の感想や疑問点、意見が生かされ、②学習の手引きや助言などによって、学習者自らが学び、③メリハリ、山場のあるようなものになっておれば、学習者は緊張感をもって学習に集中し、その中で感動や発見が生み出されるであろう。また、単元構造が「表現」（たとえば、朗読発表会、調査報告、ディベート、劇、紙芝居、新聞づくりなど）や、「読書」（たとえば、聞き合う、紹介し合う、ブックトーク、比べ読みなど）に結実していくようなものであれば、学習も主体的なものとなり、学ぶ喜びも醸成されるであろう。

3　国語教材把握力

教材把握力は、教材分析力、教材価値把握力からなり、それらが統合的にはたらくものが教材発掘力である。「私の国語学習史――心に残る国語の授業」についての記述の中で、「スイミー」、「スーホの白いうま」、「ごんぎつね」、「赤い実はじけた」、「走れメロス」、「こころ」などの教材を取り上げて「心に残る国語の授業」に言及しているものが多くいた。国語好きにする授業の工夫には、好奇心をくすぐり感動や発見をもたらす教材の存在が大きいことがうかがえる。感動や発見を生み出す教材の発掘には、①教材の内容が学習者の興味・関心、問題意識や発達段階にそったものであること、②ことばの力を育てるのにふさわしいものであることの二点が考えられる。このように、教材把握は学習者の実態を見据えことばの力が育つものでなくてはならないが、教材把握力は教材の内容・表現について指導者自身が「発見」していく力でもあると言えよう。

国語好きにする重要な授業力として、三つの授業力を取り上げたが、学習者が国語を好きになるのは、それらの授業力に裏打ちされた指導者の学習者に対する熱意ある姿によることはいうまでもない。

（「教育科学国語教育」平成十六年三月号、明治図書）

六　「ことば」への主体的なかかわりを

「やったぞ、イチロー」、「イチローが『歴史』をつくった」、「やったぞ！　世界の安打王」。これは十月三日（日）の朝日、読売、毎日新聞の社説のそれぞれの見出しです。どの社説もイチローの最多安打記録への感動と賞賛がいろいろな観点から表現豊かに述べられていましたが、取り上げている内容や表現の工夫（構成や書き出し、終末文、感動・賞賛のことば）には、三社それぞれ特色がありました。そこで、早速、十月五日（火）の「国語科教育研究」で三つの社説を取り上げ、内容・表現の工夫の観点から比べ読みをさせて、「三社の社説を比べて、最も共感を覚えるものはどの社説か。根拠をあげて具体的に述べなさい。」というレポートを課しました。受講者はいつも以上に意欲的に取り組み、それぞれの社説の特色をとらえて自分の意見を明確に述べていました。

この三つの社説を用いての講義のねらいは、説明文や意見文の教材研究法とともに語彙指導法の手がかりを得させることでした。特に、感動・賞賛のことばや表現の工夫に着目し、比べ読みという主体的なことばへのかかわり方をすることで、より確かな語彙の定着を図る方法を得させようとした試みです。

今、なぜ語彙なのか？　なぜ「ことば」なのか？　最近、小・中・高校の教員を対象にした研修会や講習会で先生方に「実践上の課題」について書いていただくと、必ずといっていいほど目にするのが「児童の読書量の低下による語彙の少なさ」や「以前と比べて生徒の語彙力が低下していてその対応に頭を痛めている」というような語彙やことばの問題です。また、教育実習を終えた本学学生に「現時点での実践上の課題」について書かせたところ、自分自身の語彙力不足を痛感したとする学生が何人もいました。

今日、若者や子どもたちは、情報メディアの発達によって、以前とは比較にならないくらい多くの情報やことばに接しているはずなのに、語彙力低下という現象が起こっています。その理由としては、①氾濫する情報、多様な情報メディアの中で、情報の受け取りが受け身的となり、うわすべりになりやすいこと。②情報メディアの発達により、情報の収集を本によることが少なくなり、読書量が低下したこと。③スピィーディーでゆとりのない生活の中で、耳を傾けて聴くことや心をこめてじっくりと話し合う機会が少なくなっていることなどが考えられます。

このような語彙力の低下は、次のような理由から大きな問題をはらんでいると考えます。

①国際化、情報化がますます進展する状況の中で、情報や自分の考え・思いを相手に正確に伝えなくてはならないということばの伝達機能にかかわっていること。

②多くのことばを知っていれば多様な考え方や豊かな感じ方ができるということばの思考・認識機能にかかわっていること。

では、語彙力の低下をくい止め、語彙力の向上を図るには、大学を含めた学校教育においてどうすればいいか。紙幅の関係で抽象的な表現になりますが、次のような実践的研究をさらに粘り強く進めていかなくてはならないと考えます。

①問題意識をもって積極的に読書する自立した読書人を育てる読書生活指導の構築

②耳を傾けて聴くような、心をこめて話すような機会を意図的計画的に作っていく

③ことばに注目し、ことばに主体的にかかわるような授業づくり
ことばや読書の指導は、主には国語教育が担うことになっていますが、ことばのもつ伝達、思考・認識機能は、すべての教科・領域における指導の、さらには「生きる力」育成の基底に位置づくものであり、すべての教科・領域において、「ことば」へ主体的にかかわる指導が位置づけられなくてはならないと考えます。

（「後援会だより」五〇四号記念号、福岡教育大学、平成十六年十二月）

Ⅳ　中国を訪ねて

一　中国四川省を訪ねて

はじめに

一九八四年（昭和五十九年）、広島県は中国四川省と友好提携を結び、スポーツ、芸術、農業や工業技術などの交流を深めてきている。五周年目の一九八九年（平成元年）、広島県・四川省交流事業協議団の一員として、十一月二十四日から十二月二日までの九日間、中国四川省を訪問する機会を得た。

今回の広島県・四川省交流事業協議団は、総務部（国際交流課）、商工労働部、教育委員会の三部からなる協議団で、それぞれの交流事業における当面の課題とか新規事業（語学教師相互派遣事業など）について協議や実情調査をするため、商工労働部長を団長とする七名の団員（総務部1、商工労働部1、教育委員会2、一般企業3）が訪問した。

九日間という短い、しかも協議団の一員としての中国訪問ではあったが、いつの時代のどんな旅もそうであるように、自己及び自国の社会や文化・教育などについていろいろと考えさせられた旅行であった。

今回の報告は、協議の内容ではなく、私の目に心に焼き付きいろいろと考えさせられた中国の自然や人々の生活、教育などについてのものにさせていただきたいと思う。

1　プロローグ　大阪空港から上海へ

十一月二十四日（金）

「味噌汁、佃煮、梅干持っている？　夜寝る時は濡れたタオルを部屋につるしておけよ。通りをわたるときは自転車に気をつけろよ。」など、中国旅行体験者の先輩諸氏のあたたかいことばを思い出しながら、十五時過ぎに大阪空港の中国民航のジャンボ機に乗り込む。乗客は天安門事件の影響のためか定員の三分の一程度。窓側にゆったりと席をとる。一行八名のうち初めて海外に行くのはトーワテクノ広島工場のK氏と私だけ。他の六人は席が定まると本をとりだしたり眠るなど旅なれた感じである。私には、交流事業協議のためとはいえ、初めての海外旅行であり、不安と同時に「何でも見てやろう」式の気負いがある。

まずジャンボ機内の広さに驚くとともに、目がいったのはスチュワーデス。国際線ジャンボ機であり、さぞや若くて美しい中国人のスチュワーデスが……と思いきや、機内の案内をしてくれたのは三十五歳から四十歳くらいでスラックス姿のたくましいおばさん風スチュワーデスであった。（いささか？がっかりしたが、若い人を国際線に乗せないのは理由があるらしい。……後述）

十五時三十五分、定刻に大阪空港を離陸。機下には綿雲が広がり、そのすき間から細く静かな瀬戸内海が遠く望まれる。広島のデルタもくっきりと認められた。太陽に輝く白い雲の上はどこまでも真っ青な空、はるか眼下の青々とした山並みや瀬戸内海……。日本は、地球は広い。

十七時ごろ東シナ海に出る。濃紺の海に細くて白い線がところどころにある。船の航行であろう。やがて雲が海をおおい、何も見えなくなる。機内食が出る。ラーメン、鶏肉、カレー、パン、サラダ、菓子などがパックになっている。味はまずまず。特に菓子がおいしかった。スチュワーデスの「コーヒ？ ワイン？」という無表情な事務的なことば。一瞬どぎまぎ。ワインを注文。

やがて窓の外は薄暗くなって厚い雲の中を降下しはじめる。そして雲が切れ夕闇のはるか下に人家が見える。白い道が縦横に走っている。ただなぜか暗い。明かりが家々についていないのだ。ほんのところどころをのぞいては……。白い道と見えたのは水路であった。やがて大きな河が眼下に見え船が点在している。十七時（日本時間十八時、一時間の時差）ほぼ定刻に上海空港に到着。タラップを下りロビーに向かうが、暗く、ポスターもコマーシャルの看板も装飾品もなく、質素そのもの。

空港で上海市人民政府外事弁公室副処長の何乗正氏、四川省人民政府外事弁公室友好城市工作処長の罗暁東氏、通訳の許さんらの出迎えをうける。マイクロバスに乗り込み、車中で何乗正氏の歓迎の挨拶、Y団長の謝辞、自己紹介などがあり、なごやかな雰囲気となる。街並みに入るが店や街灯の明かりは弱くその中をライトをつけない自転車の波がかなりのスピードで突っ走る。マイクロバスはひっきりなしに警笛を鳴らしながら進み、十七時三十分（日本時間十八時三十分）最初の宿泊場所の「国際飯店」に着く。

夕食はホテルの食堂でとる。十二品の中華料理が出たが中味も味も日本と同じ。食後ホテルの両替所で一万円を両替（二四八元少々、一元は約四十円）し、通訳のSさんの案内で夜の散歩に出る。ホテル前の南京路を二キロばかり人波をかきわけるようにして黄浦河岸の黄浦公園に行く。行き交う人々の顔や体つきは私たちと同じで違和感がない。黄浦河には大小の船が行き交い活気がある。対岸には日本の種々の企業名のネオンが点滅し、ふと今日本のどこかの都市にいるのではないかという錯覚をおぼえた。黄浦公園にはたくさんのアベックがいたがSさんの説明によると夫婦組も多いとか。公園を通りぬけ南京路に面して中山路との交差点近くにあるいかにも歴史を感じさせる「和平飯店」（ピースホテル）に入る。一階のそれほど広くないホールでは三十人ばかりの客を前に六十歳位の男性五人のバンドがリクエストに応えていろいろの曲を演奏していた。ホールの天井は低く黒い木の柱が組まれていて和風の大黒柱を思い出す。客はアメリカ人が多いらしく、「北国の春」や「無錫旅情」とともにジャズやなつかしい「テネシーワルツ」などが次々と流れた。私はふと租界時代もこうではなかったかという思いにとらわれた。「和平飯店」からの帰途、細い路地の屋台？で小籠湯包（シャオロンタンパオ）を食べる。おいしかった。

2　上海散策――成都へ

十一月二十五日（土）

七時起床、天気良好、広島よりやや暖かい。窓外を見ると公園では老人たちが思い思いにゆったりと太極拳をしている。そのそばを自転車の波が突っ走っている。妙なコントラスト。朝食は、おかゆ、魚の味噌焼き？、スープ、鶏肉、セロリの油いため、たまご。これで終わりかと思ったら、饅頭、油あげパン、肉まん、かんぱん。すっかり満腹。お茶は、グラスに大きな茶の葉を入れたままのものがでる。人に見習ってグラスを手でおおうとなぜか茶の葉が沈む。それを見計らってさっと飲む。茶をたしなむなどというものではない。

九時、マイクロバスで市内観光に出かける。窓から見る建物は概して古く埃っぽい。通訳のSさんの話によると革命後に建てられた大きな建物はほとんどないとのこと。一九二〇年代、三〇年代の租界時代のものは今でもモダンな感じを留めている。白玉で作られた美しい仏像で知られる清代の禅寺の玉仏寺、国内外の工業製品の展示やショッピングセンターになっている上海工業展覧館、旧日本租界あたりを駈足で回って上海友誼商店へ。友誼商店とは外国人用デパートのことで、工芸品、漢方薬、刺繍類、書道具など中国独特の品物が豊富に並んでいる。特に硯や毛筆の種類の豊富さにさすがの感を抱く。昼食はりんご飯店というところで「北国の春」をバックミュージックにとり、空港へ。

空港は長蛇の列が幾筋もできていてやや混雑していたが、民航国内線の成都行きは十五時十五分ほぼ定刻に出発した。スチュワーデスは国際線と違って若くてスラリとした長身でスカート姿の美人ぞろいであった。しばらくすると機内食が運ばれてきたが、私たち日本人に対して「こんにちは、どうぞ」とにこやかに語りかけ対応も細かい。国際線と国内線とでどうしてこんなに違うのか。通訳のSさんの説によれば、若い人を国際線に出すと帰らなくなることがあるからだとか。

雲の上の眺めはまさに幻想の世界であった。どこまでも青々と澄みきっている空のしじまに広がる白い雲は氷原のようで、太陽に照らされてキラキラと輝いている。やがてその氷原のはるかかなたに山脈がシルエットのように浮かんでいるのが目に入ってきた。この山脈が見えはじめると四川省の省都である成都（チョンドゥー）が近いのだとか。やがて飛行機は降下をはじめ雲の中に突入。だんだんと暗くなる。薄暗くなったころに成都空港に到着。十八時を少し回っている。ほぼ定刻で上海から三時間近くかかっている。これは大阪〜上海間に要した時間を上回っており、中国の広さを思い知らされた。飛行場は雲の上とは対照的に、上海と同様薄暗くて殺風景。しかし、ロビーでは十人ばかりの人たちのにこやかな出迎えを受ける。教育委員会からは外事處の譚欣副處長と宋暁川さんが来られていた。タクシーに分乗して道路脇の木に白い螢光塗料が塗ってある暗い道を、成都の中心街にある錦江賓館へ。ホテルは大きく豪華で、銀行、郵便局、友誼商店、旅行社、ラウンジ、ダンスホールなど何でも揃っており、日本の一流ホテルと変わらない。十九時三十分、大きな食堂で夕食。特に変わったものが出たわけではないが辛いものが多い。特に成都が発生の地といわれる麻婆豆腐と担々麺は口がしびれ汗が流れるほど辛かったがおいしかった。食後売店の四川省特産の工芸品や地酒、刺繍などを見て回ったが、店員は説明して売ろうとする意欲があまりないかのようにただ立っているだけで愛想がない。夜はラウンジで少し談笑する。

3　成　都

十一月二十六日（日）

七時起床。外は靄がたちこめて薄暗い。成都は「天府の地」といわれるくらい自然の恵みにあふれているところであるが、「蜀犬は陽に吠く」ということばもあるように、からっと陽の照る日はほとんどないようである。私たちが成都にいた五日間はついに太陽はあらわれず、靄が低く街をおおっていた。確かに太陽を見て犬が吠えるということがあったのかもしれない。

今日は日曜日で会合もないので、羅處長の案内によりマツダのマイクロバスで成都の西北六〇キロの地にある、紀元前二五〇年頃に造られたという「都江堰」を見学にゆく。途中は青々とした畑地が靄のかなたに広がり、その畑地のあちこちにはほっそりとしたユーカリの木がたよりなげに靄の中をのびている。日本では見られない幻想的な農村風景である。広々とした畑地には農家らしいものはそれほど見えないのに野菜などを積んだ自転車や大八車や人々の往来は激しい。延々と三〇キロくらいまっすぐつづくプラタナスの道を走り抜けて「都江堰」についた。「都江堰」は墨絵の世界であった。「都江堰」のほとりは公園になっていて店も出て子ども連れの家族でにぎわっていた。美しく着飾って両親と祖父母に連れられ何かをねだっている三、四歳の子どもの姿がかわいかったのでカメラを向けたが、父親ににらまれた。一人っ子ということもあってか可愛がって大切に育てていることがうかがえる光景を成都市内でも目にしたが、人口抑制政策からとはいえ、歴史の中でその是非が問われるに違いない中国の苦悩の一面を見た気がした。

「都江堰」をあとにして近くの金馬村の村役場を訪れそこで昼食をとった。豊富な野菜を使った料理はおいしかったが、五十四度の地酒にのどは焼けそうであった。

成都への帰途刺繍工場にも寄った。裏表の絵が違う刺繍技術の緻密さには感服するばかりであった。

成都に帰り「杜甫草堂」に行く。杜甫が安史の乱を逃れ、七六〇年から四年間住み、その間に二四〇あまりの詩をつくったといわれる杜甫の住居あとである。竹林に囲まれてひっそりとしていた。

十八時、対外貿易委員会主催の招宴に出席。対外貿易委員会の関係者が十名ばかり出席されていたが、挨拶にしろ自己紹介にしろ、表情豊かにユーモアを交えて巧みに話されるのにはただただ感服させられた。私たち八人の自己紹介は固く型通りでどう見ても見劣りがした。言語表現においてなぜこういう差ができるのであろうか。いささか重い気持になった。夜、指導室に「杜甫草堂」の絵はがきを書く。

昨夕（十一月二十五日）二十分遅れで「定刻」に成都着。成都は霧の深い街路樹の豊かな美しい古都です。多くの人の熱烈歓迎を受けました。今日は近郊の史跡、刺繍工場、農村などを視察見学しました。三〇キロもつづく真っすぐのプラタナス並木、霧のかなたへ青々と広がる畑地。ただ広いの一言です。

明日は教育委員会と初会合。夜行列車で、四川外語学院のある重慶へ立ちます。いたって元気です。（十一月二十六日夜）

十一月二十七日（月）

◇四川省人民政府表敬訪問（八時四十五分～九時十五分）
全洪生副省長を表敬訪問（張若省長は出張のため不在）
物腰のやわらかい堂々とした全副省長の応対に圧倒される。
◇全体協議（十時～十二時　錦江賓館）
机上に両国の国旗が立てられ、代表の挨拶につづいて協議題について説明、技術提携などの実状についての報告などがある。
◇教育委員会との協議（十四時三十分～十七時　教育委員会応接室）
四川省…炉鉄城主任、叶光亮外事処処長、譚欣副処長、宋暁川官員
次の三点について協議

①語学教師の相互派遣について
②実験小学校との姉妹提携について
③事務局職員の相互交流について

炉主任の挨拶

八月のこと感謝します。特に丸本先生にはお世話になりました。広島はすばらしい。深く印象に残っています。中日文化交流は唐代から長く続いていますが、二十世紀八〇年代は日本に学ぶことが多い。四川省と広島の交流は五年になり、各分野で交流をしています。特に石室中、竜江路小、人民北路小は姉妹提携しています。また大学も広島の大学と交流があります。四名の留学生、歯科医を受け入れてもらっていることに感謝しています。

もっと交流を広げるためには言語の習熟が必要です。四川大、四川外語学院では日本語科（学部）を設け、他の多くの大学でも日本語を第二外国語としています。

四川省には六十余の大学、一四万人の大学生、七千人の大学院生がいます。また、九五〇の成人教育大学に九七万人の学生がいます。中学生は四〇〇万人、小学生は一二〇〇万人います。

これからの四川省の教育は、日本に学ぶべきだと思っています。四川省と広島県の交流がさらに広がることを希望しています。

◇十八時から全副主任主催の招宴

◇二十二時十五分発の寝台特急（軟臥特快）で重慶（チョンチン）へ

譚欣さんに送られて宋さん、主幹と四人用個室の軟臥特快に乗り込む。あまりきれいとはいえないが、ポット（お茶）もあり一輪の花も飾ってありまずまず。硬臥や軟座に比べれば天国。一時間くらい雑談して就寝。天安門事件や一人っ子政策についてはこちらが想像していた以上のことは宋さんの口からは聞けなかった。外はまっ暗闇。何も見えなかった。

十一月二十八日（火）

八時過ぎ、十時間かけて重慶着。四川外語学院外事處處長　孫安垣氏と教師兼通訳の陳君君さんの出迎えを受ける。重慶は坂と工業の街。自転車はほとんど見かけなかったが、車は多い。成都に比べ道路が狭く工事中のため渋滞に遭い、十時過ぎ四川外語学院に到着。

◇四川外語学院

外国人専用の食堂で簡単に朝食を済ませ、日語科の大学二、三年の授業をかけ足で見る。

1　授業参観

二年（文法）、三年（翻訳）の授業を参観（それぞれ二、三十名の学生）

2　キャンパスの見学（陳さんの案内）

食堂、バー?、宿舎、図書館など

※宿舎（外国人専門　専家楼）……3LDK、テレビ、冷暖房完備

3　日本人教師H先生を訪問

生活環境、学生について、レベル、待遇などについて具体的に伺う。

4　日本語学部訪問

①概要

一九七五年創部、学生数一二〇名、卒業生二二〇名、教師三十名、蔵書数約四万冊

②カリキュラム

一、二年のものはあるが、三、四年生用なし。担当教師に任されている。

会話は一、二年で実施。

※派遣教師は三、四年及び研究生を担当

日本社会、作文、翻訳、精読、日本文選、日本文学

③授業参観（三、四年）

三年…日本のビデオドラマを使った日本語演習

四年…日本社会（中三公民の教科書使用）、中国の情報産業について日本語で意見発表

④図書

神奈川県や派遣教師の寄贈などもあり、日本文学全集や辞書などはそろっている。新刊本、一～二カ月遅れの月刊本や週刊誌もある。ただ、朗読テープや教科書はわずかしかない。

十六時、重慶人民政府外事弁公室　趙宗援副處長、H先生、陳さんの案内で人民大礼堂を見学し、長江をゆっくりと眺めて、十八時三十分発の夜行列車で成都へ。

十一月二十九日（水）

五時五十分、成都着。霧が深い。錦江賓館で少し休み、十一時まで自由なので一人で街を散策する。錦江賓館前の人民南路を北上する。人民南路は片道四車線で中央帯にも大きな街路樹が植えられており、街路樹が三列道路をはさんで南北にまっすぐ延びており、見事である。その道のつきあたりにはるか南を見渡しているような毛沢東の一〇メートルくらいの大きな立像があった。ところがよく見るとその像の下半分がこげているのである。つきあたって右に折れ、反対側を南に引き返そうとしたところ、その角の大きな掲示板に、白い大きな紙を首に掛けている人の写真が二十枚ばかり貼ってあった。白い紙には「事件」の罪状が書かれていた。天安門事件のころ成都でも同じような「事件」があったのだ。今は、たくさんの人が何もなかったように、そんな写真には一瞥もしないで歩いている。樹木におおわれた広い歩道はきれいに掃かれてありところどころに痰壺が置いてある。少し細い路地に入るとそこには果物や野菜などを売る雑然とした「青空市場」がありにぎわっていた。再び広い通りに返り歩いていると突然どこからか「コケコッコー」という鶏の声。三七〇万の大都会の中心で聞く鶏の声。中国はおもしろい国である。この鶏の声は中国の人々のエネルギーの声かもしれない。ふとそんなことまで思った。ゆったりと流れる川辺の公園ではあちらこちらで太極拳をやっている。数人の老人がお茶を飲みながら談笑している。一様に老人たちの表情はおだやかである。悠久の時の流れを思う。ひょっとするとこういう光景は五百年いや千年以上も前から続いているのかもしれない。そしてこのおだやかな表情はどこから出てくるのだろう。日本では……などと思ってしまう。いささか沈んだ気持で錦江賓館に引き返した。

◇学校訪問

1　四川音楽学院付属中学校（十一時〜十二時）

①概要説明（校長）

・一九五四年創立、中一～高三（十一～十八歳）一九五人在学（ピアノ54、チェロ・バイオリン28、声楽2、民族音楽57）

・専門の音楽以外、英語、国語、歴史、地理、体育などの教科がある。

・文化革命後（一九七八年）三五八人卒業。全国大学入試で好成績、九五パーセントは大学進学

・全国的な賞を度々受賞

②演奏

　中学生の演奏を聞く。すばらしい演奏。

　　バイオリン、ピアノ、民族音楽等

2

実験小学校（十四時三十分～十六時）

①概要説明（校長）

・七十年の歴史、李鵬首相、副省長の一人の出身校、去年の七十周年記念式典に、首相、副省長の手紙が来る。

・教育実験をして、他校へ普及させていく。

・児童数一四六四人（二十六組、一クラス五十人）、教師数八十五人（専門教師六十四人）

・科学技術、文芸、スポーツなど、多彩な活動をさせている。

・積極的に活動し、勉強するので、中学校へいっても評判がよい。

②クラブ活動の参観

「さくらさくら」、「四季のうた」を見事に演奏。主幹「夕焼け小焼け」、私「ふるさと」を歌い大喝采。書道も見事。

3　人民北路小学校（十六時二十分〜十七時二十分）

①概要説明（校長）

②和木小学校との交流について

③クラブ活動の参観

十八時三十分　教育委員会の人たちと会食（龍ワンタン）

十一月三十日（木）

◇石室中学校訪問（九時〜十一時）

①校内見学

二〇〇〇年の歴史を持つ学校。表門の重厚さ、資料館の膨大な古い資料に圧倒される。蔵書四万冊の図書館。中国ならではの剥製のある理科室などを見る。なぜか運動場はせまい。

②学校間交流について協議

◇省長表敬訪問（十四時三十分〜十五時）

夕方一時間ばかり三人で商店街を散策。店は小さく品物は少ないが、人の数に圧倒される。

十八時三十分から科学技術委員会の招宴。

4　成都から北京へ

十二月一日（金）

八時十五分発の飛行機は悪天候のため一時間十分遅れる。私たちはいらいらしたが他の乗客はのんびりと待っている。一時間くらいの遅れは定刻のうちらしい。二時間で北京へ。久しぶりに青空を見る。マイクロバスでポプラや柳の並木を突っ走り、万里の長城へ。風が冷たい。成都では考えられなかった冷たさ。中国はやはり広い。ここでも観光客は多い。とてつもないことを考えた人間がいたことにあらためて驚く。

万里の長城から北京へ返り、友誼商店へ。夜は北京ダックを食べにゆく。しかし、胃が重くて食事をうけつけない。早めに寝る。宿は北京飯店。その大きさに圧倒される。一階部分は横二〇〇メートルくらいあるのではないか。

5　エピローグ　北京から大阪空港へ

十二月二日（土）

七時三十分、朝食。まだ気分すぐれず、おかゆと野菜で済ます。

八時三十分、天安門広場へ。スモッグの中に広がる広場はべらぼうに広く、一〇〇万人の学生たちが集まったのもうなずける。それから故宮へ。幾層もの門を通って乾清宮へたどりつくその奥の深さに、明・清朝の皇帝の権力のすごさをうかがうことができた。天壇公園の食堂で昼食をとり、空港へ。

十四時十五分、定刻に北京空港を離陸。眼下には赤茶けた陸地がつづく。

広大な土地と膨大な人口。この九日間、これらのほんの一端に触れただけであるが、いろいろと考えさせられることの多い日々であった。

広大さと狭小、新しさと古さ、緻密と粗雑、整然と雑然、豊かさと貧しさ、静と動……。中国はこれらの矛盾が渾然一体、平然と存在している国だと思った。

また、ゆったりと生きているおだやかな表情の人たちにも出会った。日本ではこういう姿を見ることが少なくなりつつあるが、このことをどう考えたらよいのか。

さらに、中国人の言語表現の豊かさには感服した。国際化の進展する中で学校教育の重要課題として考えていかなくてはならないのではと強く思う。

夕闇の中を飛行機は大阪の上空を旋回しはじめた。大阪の街のなんと明るいことか。まさに光の海である。これは確かに豊かさの象徴であろう。暗い世界に二度と返ることができない以上、ほんとうの豊かさとはどんなものなのか、しっかり考えなくてはならないと思う。

この九日間は時間に追われて緊張の日々であった。今度はゆっくりと中国を歩いてみたいと思う。

（二七会八月例会報告、平成三年八月）

〈資料〉

旅行日程表

団体名　広島県・四川省交流事業協議団
出発日　一九八九年十一月二十四日　九日間
団番号

日次	月日	曜日	都市名	交通機関	現地時間	摘要	宿泊地
1	11月24日	金	広島~新大阪	ひかり52	10時31分~12時09分		上海
			新大阪~大阪空港	ジャンボタクシー	約30分		成都
			大阪空港~上海	CA922	15時35分~17時00分	(日本時間18時00分) 上海市内参観	成都
2	11月25日	土	上海~成都	CA5403	15時15分~17時55分	玉仏寺　友誼商店	成都
3	11月26日	日	成都			終日　交流事業協議	成都
4	11月27日	月	成都			終日　交流事業協議	成都
5	11月28日	火	成都			終日　交流事業協議	成都
6	11月29日	水	成都			終日　交流事業協議	成都
7	11月30日	木	成都			終日　交流事業協議	成都
8	12月1日	金	成都~北京	CA4191	8時15分~10時20分	万里の長城　明の十三陵	北京
9	12月2日	土	北京~大阪空港	JL786	14時15分~18時20分	天安門広場　故宮	
			大阪空港~新大阪	ジャンボタクシー	約30分		
			新大阪~広島	こだま387	20時20分~22時50分		

二　中国古典の史跡・詩情を訪ねて

はじめに

「広大な土地と膨大な人口。この九日間、これらのほんの一端に触れただけであるが、いろいろと考えさせられることの多い日々であった。広大さと狭小、新しさと古さ、緻密と粗雑、整然と雑然、豊かさと貧しさ、静と動……。中国はこれらの矛盾が渾然一体、平然と存在している国だと思った。また、ゆったりと生きているおだやかな表情の人たちにも出会った。日本ではこういう姿を見ることが少なくなりつつあるが、このことをどう考えたらよいのか。さらに、中国人の言語表現の豊かさには感服した。国際化の進展する中で学校教育の重要課題として考えていかなくてはならないのではと強く思う。夕闇の中を飛行機は大阪の上空を旋回しはじめた。大阪の街のなんと明るいことか。まさに光の海である。これは確かに豊かさの象徴であろう。暗い世界に二度と返ることができない以上、ほんとうの豊かさとはどんなものなのか、しっかり考えなくてはならないと思う。この九日間は時間に追われた緊張の日々であった。今度はゆっくりと中国を歩いてみたいと思う。」

これは三年前（平成元年）の十一月二十四日から十二月二日までの九日間、広島県・四川省交流事業協議団の一員として四川省を訪問したときの報告書の末文である。

あれから三年。私自身は再び教壇に立ち忙しい毎日を送っているが、この度広島県教育委員会の新規事業として「教職員海外単独研修事業」が実施されることを知り、三年前の感慨がよみがえって、ほとんどなんの躊躇もなく応募した。

単独研修という比較的自由な研修の中で、中国の悠久の自然や歴史に直接触れ、できるだけ多くの人々に会って本当の中国の姿を知りたいという強い思いの中で、次のような研修テーマを設定した。

1　国語の教科書（漢文）に登場する史跡や漢詩の舞台を歩くことを通して、漢文の教材観、教材解釈をしっかりしたものにする。

四川省や長江、江南の地は、「峨眉山月歌」「早発白帝城」「黄鶴楼送孟浩燃之広陵」「登高」などの漢詩からもうかがえるように著名な詩人が数多くの漢詩を残しているところである。また、この地は「三国志」「史記」の舞台でもある。作品の成立、内容をその地に立ってみてじっくりと考察し鑑賞したい。

2　中国の風土や人々の生活に直接触れることにより、より正確な中国観、中国像を確立する。

国際化が進展する中で最も大切なことは、正しく外国を理解することである。中国の風土やいろいろな土地の人々の生活に直接触れることを通して、混沌としている私自身の中国像や中国観を明確なものにしたい。そしてそれらを生徒たちに伝えていきたい。

「教職員海外単独研修事業」への参加が決定してから、漢詩に関するもの、中国の歴史風土に関するもの、現代中国の社会や政治に関するものなどの書物を読み、あるいは旅行カバンに入れて二十日間の単独研修旅行に出発した。以下はその概要である。

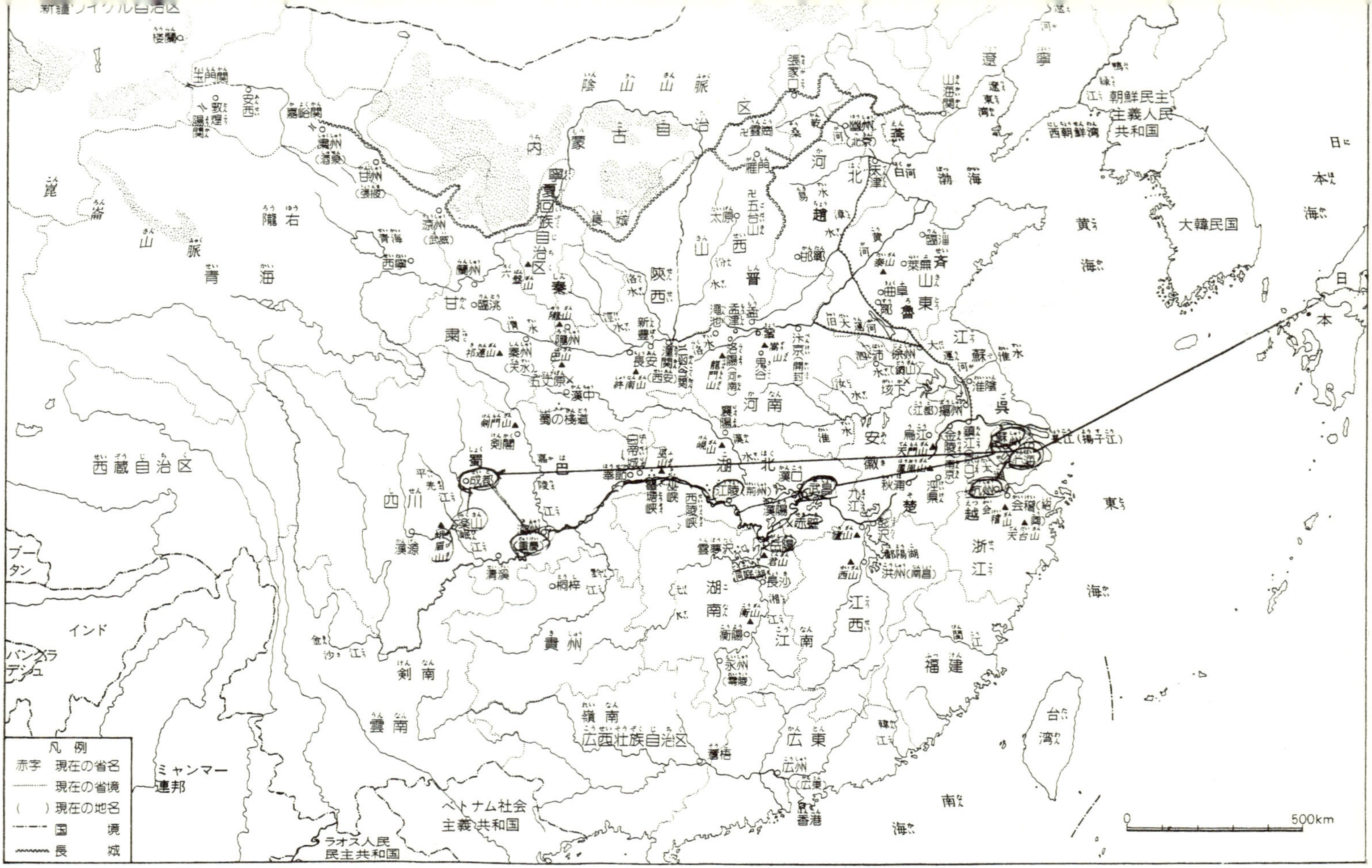

新疆ウイグル自治区
陰山山脈
内蒙古自治区
寧夏回族自治区
大韓民国
朝鮮民主主義人民共和国
西朝鮮湾
日本海
黄海
渤海
東海
南海
台湾
遼寧
河北
山西
陝西
河南
山東
江蘇
安徽
浙江
福建
江西
湖北
湖南
広東
貴州
四川
甘粛
青海
隴右
崑崙山脈
西蔵自治区
剣南
雲南
嶺南
広西壮族自治区
インド
ブータン
バングラデシュ
ミャンマー連邦
ベトナム社会主義共和国
ラオス人民民主共和国
長城
長安(西安)
洛陽(河南)
汴京(開封)
成都
重慶
武昌
江陵(荊州)
金陵(南京)
揚州
蘇州
杭州
上海
長江(揚子江)
蜀の桟道
五丈原
漢中
剣閣
白帝城
赤壁
洞庭湖
鄱陽湖
長沙
衡陽
永州(零陵)
広州(広東)
香港
玉門関
陽関
嘉峪関
敦煌
涼州(武威)
幽州(北京)
泰山
峨眉山
廬山
天台山
会稽
凡例
赤字　現在の省名
現在の省境
(　)現在の地名
国境
長城
500km

1　旅程

八月九日～八月二十八日

日次	月日	発着／滞在地	発着時間	交通機関	研修地、関係の漢詩等
01	8月9日（日）	広島　発 博多　着 福岡　発 上海　着	13時29分 14時52分 17時30分 18時00分	新幹線 飛行機	（日本時間19時00分） ・上海日航龍柏飯店　泊
02	8月10日（月）	上海　発 成都　着	12時00分 14時50分	飛行機	上海刺繍工場 ホテル周辺の散策 ・成都飯店　泊
03	8月11日（火）	成都　滞在	終日	タクシー	武侯祠、杜甫草堂 「蜀相」「堂成」「卜居」「客至」「絶句」（杜甫） 望江桜公園「酬人雨後玩竹」（薛涛） 四川大学

日次	月日	発着／滞在地	発着時間	交通機関	研修地、関係の漢詩等
04	8月12日（水）	成都　滞在	終日	タクシー	成都動物園 午後、東風路を散策
05	8月13日（木）	成都　滞在 成都　発	終日 20時05分	タクシー 列車	文珠院、書画研究所、文君酒家 午後、人民南路、錦江路を散策 「懐錦水居止」（杜甫） ・車中泊
06	8月14日（金）	重慶　着	9時30分 終日	タクシー	桂園、紅岩村、枇杷山公園、重慶博物館 ・重慶揚子江假白飯店　泊
07	8月15日（土）	重慶　滞在	終日	タクシー	鵞嶺公園、美術学院、人民賓館 午後、開放碑周辺を散策 竹掘工場
08	8月16日（日）	重慶　発 万県　着	8時00分 17時30分 19時30分	クルーズ	墨絵の講習会 船長主催の晩餐会 万県下船 絹織物工場、夜市 ・船中泊

09	8月17日（月）		9時30分 16時00分		瞿塘峡、白帝城、「登高」「返照」（杜甫） 「夜入瞿塘峡」（白居易）、「早発白帝城」（李白） 小三峡へ 巫峡 「上三峡」（李白）、「秋興」（杜甫） ・船中泊
10	8月18日（火）	宜昌　着	8時30分 16時30分		秭帰（屈原の故郷）下船 ボートレース 屈原記念館、屈原墓 「漁夫の辞」（屈原） 西陵峡、葛洲壩ダム チョウザメ養殖研究所 慎江公園 ・船中泊
11	8月19日（水）	沙市　着 沙市　発	9時00分 20時30分	バス	沙市下船 荊州城 荊州博物館 （船追突される）

日次	月日	発着／滞在地	発着時間	交通機関	研修地、関係の漢詩等
12	8月20日（木）	武漢　着 武漢　発 上海　着	0時15分 16時20分 17時40分	タクシー 飛行機	・璇宮飯店　泊 帰元禅寺 黄鶴楼 「黄鶴楼送孟浩然之広陵」（李白） 「黄鶴楼」（崔顥） 東湖 武漢博物館 ・上海日航龍柏飯店　泊
13	8月21日（金）	上海　発 蘇州　着	8時30分 9時40分 終日	列車	寒山寺 「楓橋夜泊」（張継） 虎丘 「虎邱寺」（張籍） 留園、刺繍工場 ・竹輝飯店　泊

14	8月22日（土）	蘇州　発 無錫　着	9時00分 16時20分 17時10分	舟 タクシー 列車	観前街を散策 クリーク（舟） 「尋胡隠君」（高啓） 拙政園、獅子林 北寺塔 ・無錫大飯店　泊
15	8月23日（日）	無錫　発 上海　着	8時30分 16時30分 18時40分	船 タクシー 列車	太湖遊覧、三山公園 「無錫道中賦水車」（蘇軾） 「秋日湖上」（薛瑩） 泥人形工場、錫恵公園、寄暢園 「恵山下鄒流綺過訪」（王士禎） クリーク ・上海日航龍柏飯店　泊
16	8月24日（月）	上海　発 杭州　着	9時15分 12時30分	列車 タクシー	六和塔、中山公園、西湖湖畔散策 「杭州春望」（白居易） ・浙江西子賓館　泊

日次	月日	発着／滞在地	発着時間	交通機関	研修地、関係の漢詩等
17	8月25日（火）	杭州 発 上海 着	9時00分 16時15分 18時25分	船 タクシー 列車	蘇東坡（蘇軾）記念館 西湖遊覧 「西湖晩帰廻望孤山寺贈諸客」（白居易） 「夜泛西湖」（蘇軾） 「飲湖上晴後雨」（蘇軾） 霊隠寺 ・上海日航龍柏飯店 泊
18	8月26日（水）	上海 滞在	終日	タクシー	王仏寺、豫園 上海歴史博物館 工業展覧館
19	8月27日（木）	上海 滞在	終日	タクシー	魯迅記念館 午後 南京路、人民公園を散策 夜、虹橋賓館で芸術劇「五千年風流」を観劇
20	8月28日（金）	上海 発 福岡 着 博多 発 広島 着	14時30分 17時00分 18時30分 19時55分	飛行機 列車	（日本時間15時30分）

2　漢詩の世界 ――変わらざる詩情――

「1　旅程」にあげているように、この度の研修ではたくさんの漢詩の世界を追体験した。ここでは教科書に多く取り上げられている漢詩についてのみ簡潔に触れることとする。

○「江碧鳥愈白　山青花欲然……」（「絶句」杜甫）

杜甫は安史の乱を逃れて、成都に七六〇年から四年間住み、約二四〇の詩を作っているが、その時彼が住んでいたところが「杜甫草堂」として浣花渓という小さな川のほとりにきれいに整備されて残っている。うっそうと繁る木立や竹林の閑静な中に「詩史堂」や「草堂書屋」、「少陵草堂図」などがあった。「絶句」「堂成」「卜居」などの詩にえがかれている雰囲気（詩情）が一二〇〇年の時を越えてそのままうかがえた。

○「……両岸猿声啼不住　軽舟已過万重山」（「早発白帝城」李白）

広々としてゆったりと流れる長江が尽きるかのごとくに三峡の一つの瞿塘峡に突入する左岸の小高い丘の上に白帝城はあった。そこを過ぎると屏風を合わせたような峻厳な峡谷に入る。今にも猿の声が聞こえそうである。そこを船はすべるように進んでいく。まさに詩の世界である。

○「……孤帆遠影碧空尽　唯見長江天際流」（「黄鶴楼送孟浩然之広陵」李白）

漢陽側から武昌側に武漢長江大橋を渡ると正面の小高い丘（蛇山）の上に黄色の黄鶴楼の威容があった。黄鶴楼からの三六〇度の武漢のパノラマは壮大であった。崔顥の「黄鶴楼」に詠まれている「晴川歴歴漢陽樹

芳草萋萋鸚鵡洲」の「鸚鵡洲」は今はないが、長江はただゆったりとはるか東をめざして流れていた。現在は武漢は大都会であるが、李白の時代は広大な緑地が家々のかなたに広がり、長江もその緑のかなたに流れ消えていて、まさに「孤帆遠影碧空尽　唯見長江天際流」であったことであろう。今はただ想像するしかないことがやや残念である。

○「……姑蘇城外寒山寺　夜半鐘声到客船」（「楓橋夜泊」張継）

蘇州の寒山寺は想像していたより小さく素朴な感じの寺であった。また、楓橋は寒山寺から家並を一〇〇メートル余り抜けたところの狭い運河にかかるアーチ式の石橋であった。「到客船」という表現に照らして、寒山寺の鐘楼と楓橋とは想像していた以上に近かったが、夜半の小舟の中でまどろむ作者張継の脳裏には遠く響いたのかもしれない。

○「渡水復渡水　看花還看花……」（「尋胡隠君」高敬）

蘇州はクリークの街でもある。白壁の家並の間を縦横にクリークが通じている。いくつもの川を渡って胡隠君という隠者を尋ねていく作者の姿が浮かんでくる。

3　現代中国の種々相――忘れ得ぬこと――

今回の単独研修旅行で漢詩の世界以上に私をとらえたのは、変わりゆくあるいは変わらざる中国の自然であり街々であり人々の生活であった。七人のガイド――成都の張さん、重慶の張雪寧さん、武漢の王暁光さん、蘇州の許恵英さん、無錫の顧紅岩さん、杭州の張東姫さん、上海の樊金龍さん――や車中や船中で出会った中国、台湾、シンガポールの人々の話の中に、そして自由に散策した街中に、ほんとうの現代中国の姿の一端を覗き見ることができたように思う。それらの中で私が特に強く心を引かれた種々相のいくつかを旅程に沿って述べることにする。

◇蛇行する長江の濁流

八月十日、上海の刺繍工場を見学した後、ガイドの樊さんに送られて中国東方航空の旅客機で成都に向かった。

上海空港を飛び立って三十分ばかりは緑の山野が雲間のはるか眼下に広がっていたが、その後は褐色や黄色の地肌に緑が点在するといった大地がしばらく続いた。そしてそのような大地を長江の濁流が蛇行しながら東に向かって流れているのがはっきりと望まれた。川中に島もあり、その大きさが想像される。

やがてはるか西の彼方に高い山並みが見えて成都が近くなると、眼下は青々とした緑の大地に変わり、飛行機はゆっくりと降下を始めた。

◇延々と続くプラタナスのトンネル ――すばらしき街路樹――

成都は昔から「天府の地」（天から授けられた豊穣の地）と言われているように郊外の農村はもちろんのこと街中も緑が豊かで、特にメインストリートの街路樹は見事であった。一人で散策した人民南路や東風路は、自動車道、自転車道、歩道がそれぞれ楠やプラタナスの木々で仕切られていた、五、六層の緑の帯が延々と続いているのは見事であった。やや狭い通りでもプラタナスがトンネル状に生い茂っているところもあり、その中を自転車が所狭しと突っ走っているのは、日本では見られない異様な光景でもあるが、広島のみすぼらしい街路樹を思い浮かべるにつけても、見事でありまたうらやましくも感じたことであった。成都に限らずその後訪れた蘇州、無錫、杭州なども、通りは成都ほど広くはなかったが街路樹は豊かであった。

だが、そんな豊かな街路樹を思い浮かべるにつけ、飛行機から見たあの褐色や黄色い大地は、本来緑に親しんできた農業国中国にとっては痛恨の大地のように思われてならない。最近日本も中国の大地の緑地化に協力をし始めたようであるが、街路樹が美しければ美しいだけ、中国のはてしない苦悩を見る思いがしたことであった。

◇どこへ行くのか？ ――途絶えることなき自転車の波――

三年前もそうであったがこの度も街を行き交う自転車の波は私には異様に感じられた。私が訪れた街は、坂の街重慶市以外はどこも、大きな通りはまさに自転車の洪水であった。車に乗っていると常にプッ、プッ、プッと警笛を鳴らさなくてはならない。特に成都市はすさまじい感さえした。日本のように横断歩道が整備されていないので大きな通りを横切ろうとするとかなりの勇気がいる。何度か渡るうちに微妙なタイミングのあることに気づいた。急いではいけないのである。ゆっくり歩き止まりながら、自転車の数とスピードとの無言の交信をしながら進まないといけないのである。少しでもタイミングがずれると大きな罵声や睨みに出会うことになる。慣れてきてこちらも睨み返したこともあったが……。広い通りを横断することはややオーバーにいえば命がけなのである。このような生活行動の中で、中国人のはっきりした表情や自己主張の強さは育てられるのかとまで思ったことであった。

また、この自転車の波は朝夕や昼食時（十一時三十分〜十四時三十分）だけではない。夜の十時頃まで続くのである。いったい彼らはどこへ何をしに行くのか？　中国人のスリムで締まった体型は常に自転車で動いているからでは？などという素朴な失礼な疑問まで湧いてくるのである。

◇話し合い、議論好きの人々 ──自動車接触事故などをめぐって──

八月十二日の午後、一人で東風路を散策した。三五〇万都市成都の商店街通りだけに人、人、人の波である。品物も豊富で、自転車の多さと自動車の少なさを除けば広島の八丁堀や流川界隈とそんなに変わりはしない。途中、通りの真中で二人の男性が大声で相手を罵り互いの額や肩をこづき合って喧嘩をしている場面に出会った。言葉はわからなかったが、タクシーと自転車が接触したらしい。すぐに近くを通っていた人々が彼らに近寄り幾重もの輪ができた。すると二人はこづき合いをやめて今度は自分の正当性を、周りの人に身振り手振りを交えて大きな声で一生懸命訴え始めた。それを聞いた人々も相手に向かって自分の意見を述べ始めた。このような他人を取り込んだ議論が二十分くらい続いたであろうか、やっと警官がやってきた。このようなやりとりや話し合いの光景にはその後も何度か出会った。重慶のレストランでのこと。十人ばかりの若者が隅のテーブルの周りに集まって一人の話をもとに楽しそうにしゃべっている。ガイドに尋ねると、まだ客が少なくて暇なので今日あったことを出し合って語り合っているとのこと。お客さんではなかったのである。日本ではこういう光景に接することはあまりない。中国人の明確な自己主張や豊かな表現力はこのような日常のやり取りの中で鍛えられるのではと思ったことである。

◇成都と重慶 ──「日本で言えば京都と大阪にあたります。」（張雪寧）

八月十三日。二十二時五分の夜行列車で重慶に向かった。軟臥特火は上下二段四人一組の個室になっていて日本の寝台特急より少し広く乗り心地もまずまずであった。好奇心から隣の車両を覗きに行った。車両の境目に乗務員がいて出られなかったが、ガラス窓越しに見たところ硬座で立っている人もおり、とても眠れるような雰囲気ではなかった。同室になった三十五歳くらいの男性はこの三月までの半年間浜松のスズキ湖西工場に研修で行っていたということで、私が日本人であることをすぐに見抜いてにこやかに語りかけてきた。時に筆談をまじえながら日本での生活のことや私のこれからの旅程のことなどを語り合った。三ヵ月の特訓にしては上手な日本語を話す笑顔のやさしい話好きの中国人であった。

翌朝九時三十分過ぎに列車は重慶に到着。列車の右手には長江がゆったりと流れていた。プラットホームからかなり歩いたところに改札口はあり、少し不安になったが、NAKATANIという大きなプラカードを持った女性が「お疲れ様でした」と滑らかな日本語で出迎えてくれた。張雪寧さん、二十九歳、一児の母、四川大学出身で卒業後一年間は翻訳の仕事をしていたが、大学時代に知りあった重慶の人との結婚を機に国際旅行社重慶分社に転職したとのこと。重慶揚子江假白飯店で朝食をとったが、チェックインするときフロントの女性がこちらを見てにやにやしているので張さんに尋ねたところ、私が中国人と少しも変わらないからだとのこと。「謝々」というと口に手を当てて笑いをこらえていた。張さんには二日間案内してもらったが、蔣介石、毛沢東、周恩来の記念館や博物館も興味深かったがそれ以上にガイドの合間に話す彼女の話もおもしろかった。

四川省というより中国西南地区の二大都市の成都と重慶の違いは「日本で言えば京都と大阪の違いにあたります」という。ガイドとして日本に来たことがあるだけに日本のことにも詳しく、的確な比喩のように思えた。成都は蜀漢時代の都であり、どこか落ち着いた「古都」の雰囲気がある。これに対して重慶は商工業都市で成都に比べ自動車も多く活気がある。だが、成都出身の張さんが重慶に来て最初に驚いたのはそんなことではなく言葉の違いだったとのこと。ある日のこと、バスに乗り、降りる時になってサイフを忘れたことに気づき、そのことを車掌に言ったところ、きついひどい言葉で罵られ、びっくりして泣きだしたところ、乗客の一人がまたきつい言葉で運転手や車掌に抗議したとのこと。許されてバスを降りた後もひどい言葉での罵りあいはしばらく続いたらしい。成都の言葉はやわらかくて女性的で、重慶の言葉はきつくて男っぽいのだという。

◇やむをえない一人っ子政策――「小皇帝」の行方――

この旅で特に関心を抱いた一つに一人っ子政策の問題がある。一歳を過ぎたばかりの子どものいる重慶の張さんに子どものことを聞く。

「仕事の関係で子どもと過ごせるのは一ヶ月のうち数日だけです。でも主人の両親が非常に可愛がってくれるのでまかせています。」

街中や観光地できれいに着飾った小さな子を大事そうに抱いたり手を引いている年寄りの姿をよく見掛けたが、これも一人っ子政策の姿なのであろうか。

「日本でも一人っ子は協調性や粘り強さに欠けるとよく言われますが、中国では問題になりませんか」と少し突っ込んで聞いてみる。

「『小さな皇帝』ということばもあるくらい問題になっています。でも今のあまりにも過剰な労働力のことを考えるとやむを得ないと思います」

上海の樊さんも言っていたが、一人っ子政策が数字の上で成果が出るのは今の子どもが結婚適齢期になる十年先つまり二〇〇〇年過ぎなのであり、それまではまだ猛烈な勢いで人口は増えつづけ、二〇〇〇年には十四億くらいに達するだろうとのこと。また、農村では必ずしも守られていない実態もあるようである。中国にとって一人っ子政策は大変な課題なのだと認識された。

◇三峡下り——雄大、峻厳、秀麗、そして悠久の大河——

今回の旅で特に期待していた三峡（瞿塘峡、巫峡、西陵峡）下りは圧巻であった。雄大にして峻厳、秀麗な峡谷をゆったりと流れる長江はまさに悠久の大河であった。刻一刻と変わる両岸の光景は見あきることがなかった。それは先述したようにまさに漢詩の世界であった。そんな三泊四日の船旅の中で特にびっくりしたことの一つは、巫峡の濁流の中を両手足を水面に突き出すようにして流れていく硬直した死体を二度も見たことだ。すぐにスルーガイドの王さんに「どこかに連絡しなくては？」というと「いや、もう少し行くとダムがあるのでそこで引き上げられるでしょう」とこともなげにいう。そのダムもそれから半日近くもかかるところにあった。考えてみれば、長江は長い歴史の中であらゆるものを飲込み流し去ってきた大河なのかもしれない。

三〇〇〇トンのりっぱな揚子江号で下る三泊四日の三峡下りはまったく退屈することはなかったが、それは両岸の光景やこんな出来事に遭遇したからだけではない。そこで親しくなった台湾やシンガポールの人々との語らいにもよる。変化する現代中国の経済政策のこと、「七分の成果と三分の過ち」とする毛沢東の評価や文化大革命の悲惨な体験、天皇訪中に対する考えなどいろいろ聞くことができたし、日本の教育についての質問も受けた。これらのことについては別の機会に詳述したいと思うが、ほんとうに驚き考えさせられることの多い船旅であった。

その後沙市で長江に別れを告げ、武漢、蘇州、無錫、杭州、上海と江南の地を回ったのであるが、これらの地は古来日本人にとって親しみのある所であり、私自身もそれなりの知識とイメージは持っていたが、「百聞は一見に如かず」のとおり、驚き魅せられてばかりの毎日であった。武漢や上海の博物館で見た二千年から三千年前の絹織物や陶磁器、楽器、やわらかい筋肉をしたミイラなどを見るにつけて「中国は昔の方が文化が進んでいたのでは?」という錯覚を抱いたことであった。また、蘇州の拙政園や獅子林などの名園、杭州の緑あふれる静かな西湖湖畔などはもう一度ゆっくり歩いてみたい思いを抱かせた所であった。

このような「変わらざる中国」に対して、「激しく変化する中国」を上海に見た。建設の進んでいる高層ビル群、活気あふれる人々の群れ。特に物を売ろうとする意欲はすさまじい。「お兄さん、お兄さん、これ買って！」と流暢な?日本語で呼び掛ける土産店の若い娘さんの姿にはびっくりした。三年前はとても考えられなかった光景であった。樊さんが別れ際に「五年位したらまた来て下さい。上海は、中国はもっと変わりますよ。」と言った笑顔が印象的であった。

おわりに

広大な大地、膨大な人口、古くて深い歴史……。二十日間は長かったが、いつも圧倒されるような毎日であった。三年前の中国訪問で感じた「広大さと狭小、新しさと古さ、緻密と粗雑、整然と雑然、豊かさと貧しさ、静と動……。中国はこれらの矛盾が渾然一体、平然と存在している国」ということも今回改めて実感した。中国という国は多面的にとらえ理解していかなくてはならないと強く思ったことである。そして現在の中国がかかえている問題——人口対策、自然破壊、経済政策など——にも触れることができたが、これら中国がかかえている問題は中国だけの問題ではなくて、日本いや地球的規模で考えていかなくてはならないことではないのかとも思ったことである。

果てしなく続く大地、ゆったりとながれる長江、その長江にシルエットを残して沈む赤い太陽、今に語りかける三、四千年前の歴史遺物、親しく語りかける表情豊かな人々……。この二十日間はほんとうに感動し考えさせられたことの多い充実した日々であった。これら貴重な体験を生徒たちに伝えたが、生徒たちは非常に興味深く聞き入ってくれた。

中国という国は多面的にとらえ理解していかなくてはと先述したが、容易には捉えられない大きな奥の深い国である。中国語を勉強していつの日かまた訪ねたい。

（「研究紀要」第六号、祇園北高校、平成五年三月）

あとがき

内容的に一貫していないものを、『豊かな「ことば」を求めて――学びながら、教えながら――』として編んでみて思うことは、本書の内容はもちろんのこと構成の検討まで、その多くを「二七会」にお世話になっているということです。二七会とは、昭和二十七年に広島大学教育学部高等学校教員養成課程国語専攻入学の人たちが、卒業年の昭和三十一年に野地潤家先生のご指導を得て、夏目漱石の作品を輪読する会としてスタートさせた会のことです。その後二七会では実践・研究の報告も行われるようになり、毎月一回日曜日の午後野地潤家先生のご指導のもと五十年もの長きにわたって続いて現在に至っています。私自身は昭和四十年から参加し、本書のⅡ章からⅣ章の多くは、二七会で発表したり、会誌「松籟」に報告したものです。本書の刊行に際しては、構成についても二七会で助言をいただきました。二七会会員のみなさまには心から感謝申し上げます。

さて、第Ⅰ章「遠くを見て」は、幼稚園、小学校の保育・教育にかかわった最近のものです。幼稚園、小学校の経験のない私にとって、子どもたちや保護者にどのように対していけばよいのか最初はとまどいもありましたが、元気いっぱいに楽しく遊ぶ中でいろいろのことを身につけていく園児たちの姿に教育の原点のあることを認識させられ、小学校では、授業づくりや学校行事などに切磋琢磨して取り組む教員の姿や、教育目標達成をめざして教員と保護者の会がしっかり連携していく体制に、「教育は人」「教育は組織」ということを実感させられました。また、文章作成に関して、限られた字数、時間の中で、どんなことをどのように書けばよいのか、相手・

目的・場意識を明確にして記述することの大切さを、再認識させられ、「書く」ことも鍛えられた五年間でした。

第Ⅱ章「ふたりの恩師」は、たくさんのすばらしい人たちとの出会いの中で、とりわけ、一教員として、教育と研究に携わるものとしてめざさなくてはならない大きな大切なお二人の先生について、特に心に残っていることを中心に述べさせていただきました。

第Ⅲ章「国語教育への思い」は、学習者が意欲を持って主体的に取り組む授業づくり、生きてはたらくことばの力がつく授業づくりをめざして実践し理論化してきたことを、国語教育の重要な課題として提案したものです。

第Ⅳ章「中国を訪ねて」は、もう二十年近く前の旅行の記録ですが、長い歴史を持った変わらざる中国の姿と猛烈な勢いで進展し変容する現代中国の姿をとらえ、私自身の中の混沌とした中国像を少しでも確かなものにしたいとの思いからの旅でしたが、容易には掴みきれない中国という国の奥の深さを実感した旅でもありました。

本書の出版に当たっては、溪水社の木村逸司社長のご高配をいただきました。心からお礼申し上げます。

平成二十年一月十八日

中谷雅彦

著者　中谷　雅彦（なかたに・まさひこ）

1941（昭和16）年９月、広島県に生まれる。1967（昭和42）年広島大学大学院教育学研究科（国語科教育学専攻）修士課程修了。28年間広島県高等学校国語教諭（５年間広島県教育委員会国語指導主事）、1995（平成７）年福岡教育大学へ（10年、３年間附属福岡小学校長併任）、2005（平成17）年九州女子大学へ（３年目、２年間附属自由ヶ丘幼稚園長併任）。
著書に、『高等学校における詩学習指導の軌跡――詩の学習指導個体史を求めて――』（1996、溪水社）、共著に、『共生時代の対話能力を育てる国語教育』（国語科授業改革双書21、1997、明治図書）、『国語科教師教育の課題』（国語教育学の建設１、1997、明治図書）、『学習創造　国語』（1999、福岡教育大学附属福岡小学校）、『お互いに自分の考えを持って話したり聞いたりすることのできる学習指導』（小学校国語科教育実践講座巻５、1999、ニチブン）などがある。

豊かな「ことば」を求めて
――学びながら、教えながら――

平成20年３月１日　発　行

著　者　中　谷　雅　彦
発行所　株式会社 溪水社
広島市中区小町１－４（〒730－0041）
電 話（082）246－7909
FAX（082）246－7876
E－mail：info@keisui.co.jp
製版 広島入力情報処理センター／印刷 互恵印刷／製本 日宝綜合製本

ISBN978－4－86327－001－5　C0095